アイヌ学入門

瀬川拓郎

講談社現代新書

2304

目次

はじめに

グローバリズムでも民族主義でもなく

アイヌのミュージシャンＯＫＩのライブをみたとき、私はおもわず鳥肌がたちました。アイヌの伝統楽器トンコリの土俗的な音が、アフログルーヴやレゲエ、ロックの複雑なリズムと見事に調和しているのです。

「オレはサンタン交易（アムール川下流域の先住民サンタン人との交易）でアンプを手に入れたアイヌだ。プラグにつないだトンコリでアイヌはいったいどんな演奏をはじめるのか。そこにどのような可能性が広がるのか。それがオレの音楽なんだ」。

アイヌのミュージシャンＯＫＩ
CHIKAR STUDIO提供。

ＯＫＩは私との会話のなかで、自分の音楽を「交易」と表現しました。近年明らかになってきた交易民としてのアイヌ、北東アジア世界におけるヴァイキングとしてのアイヌの歴史を、かれが強く意識しているのは明らかです。ＯＫＩが自分の音楽のルーツに据えるのは、自然と共生するアイヌではなく、異民族との生々しい交流のなかを生きぬいてきたアイヌなのです。

獣や道具など人間に有用なものは、すべて神があたえてくれるお土産であり、人間はこの返礼として神にお土産をもたせ、神の威信を高めなければならない——これがアイヌの神観念です。自然と人間の互酬《ごしゅう》的で濃密な関係のなかに、収奪し消費するだけの現代の私たちが学ぶものはけっして小さくありません。

しかし、アイヌを単純に「自然と共生する民」と評価してしまうと、交易民として生きてきたかれらの複雑な歴史の意味を見失うことになりかねません。そもそも「自然と共生する民」は、閉じた世界に安住してきた未開で野蛮なアイヌという負のイメージを肯定的に評価するために、それをただたんに裏側からみたものにすぎないのではないでしょうか。それではかれらの負のイメージを根底からのりこえることはできないのです。

アイヌは異民族との交易あるいは戦争や略奪によって、極彩色の錦や、油のような美酒を手に入れました。ＯＫＩが目指すのは、このような異民族との開かれた歴史、人間としての生々しい歴史をなぞりながら、異文化との融合や衝突のなかでまったくあらたな、そして豊かな陰影をもつアイヌ音楽の世界を創造していくことなのではないか、とおもわれます。

そして、このＯＫＩの音楽とかかわって注目したいのが「ゴジラ」の音楽で有名な伊福《いふく》部昭《べあきら》の思想です。伊福部は、日本の伝統にこだわった民族主義の作曲家とされています。しかし片山杜秀《かたやまもりひで》によれば、伊福部は世界を単一化するグローバリズムにも、かたくなな自民族中心主義にも反対していました。

かれが推奨したのは近代スペインの作曲家ファリャです。ファリャはスペイン民族主義を追求したと評されます。しかしそうではなく、フランス音楽を模範としながら、旋律やリズムにスペインの味を混ぜた、その混ぜ方がファリャの魅力なのだ、と伊福部はいいます。

フランスに同化してスペイン性を喪失するのはまずい。人間は空間や言語にとらわれた存在なのだから、そのようなちがいを押しのけようとすれば、かならず軋《きし》みが生じる。かといって、伝統の純粋さを求めると、かえって貧しくなる。相互理解の可能性も、相乗の魅力も生みださない。相手と自分を混ぜてみることこそが建設的であり、そもそも文化とはそういうものだ。その営みの果てしない繰り返しだ、というのです（片山二〇一四ａ）。

これこそまさにＯＫＩの「交易」と共振する思想といえるのではないでしょうか。

シンフォニア・タプカーラ

伊福部がこうした思想を身につけたのは、故郷の北海道におけるアイヌ民族との交流を通じてだったといいます。

かれの父は十勝《とかち》の音更《おとふけ》村の村長をつとめました。その父の仕事を通じて、子ども時代の伊福部はアイヌ・コタン（集落）に出入りするようになります。大正時代のコタンにはアイヌの伝統がまだ色濃く残っていました。かれは、食べ物も、家も、着物も、言葉も、なにもかも日本人と異なる民族がいることに驚きます。このアイヌとの出会いが原体験となって日本人としての自分を意識した伊福部は、のちに民族主義に強く傾いていくことになります。

しかし、北海道という亜寒帯の風土で育まれた感性や独自の立ち位置への気づき、あるいは田んぼの風景になじめず、しょせん豊葦原瑞穂《とよあしはらのみずほ》の国の人になりきれないという自覚は、異民族が共存する北海道への思想的な回帰をもたらしました（片山二〇一四b）。

伊福部の交響曲「シンフォニア・タプカーラ」は、一九五四年に初稿が完成し、翌年セヴィツキー指揮のインディアナポリス交響楽団によって初演されました。その第三楽章にタプカラというアイヌの踊りのリズムがあらわれます。

タプカラ（タプカル）は、唸るように独特の声をあげ、ゆっくりと歩を進めるマジカルな踊りです。掌を上に向け、あるいは刀を手にして両腕を上下させながら、一歩一歩地面を力強く踏みしめます。これは、ウケウェホムシュなどとよばれるケガレ祓《ばら》いの行進呪術が芸能化したもので、本書でのべるように、そもそもは日本の陰陽道《おんみょうどう》の行進呪術「反閇《へんばい》」に起源すると私は考えています。

伊福部は、このマジカルな舞踊のリズムをベースにしながら、日本や西洋、東洋が渾然《こんぜん》一体となった独自の音楽世界を生みだしたのです。

自分の根っこにこだわり、原郷へ回帰した伊福部が、アイヌへの差別と偏見があたりまえだった時代に、和人《わじん》（本州系の日本人を北海道ではこのようによんでいました）でありながらアイヌの音楽にひとつのアイデンティティを見出した事実は、驚くべきことだとおもいます。

相乗の世界へ

本書は、アイヌの歴史や文化を通じて、かれらがどのような人びとであるか知っていただくことを目的としています。ただし読者は、従来のいわゆる概説書とは異なる内容に驚かれるかもしれません。というのも、本書はもっぱらアイヌの歴史を文化の交流史として描き、アイヌ文化にみられる異文化の影響を明らかにしているからです。読者は、ではアイヌ文化とはいったいなんなのか、と立ち止まって考えることになるでしょう。

しかしOKIがいうように文化とはある意味で交易であり、その営みの果てしない繰り返しにほかなりません。そして、このような文化融合への注目こそ、現代社会のなかで文化的なハイブリッドとして生きるアイヌ民族に寄り添い、相乗の世界へのプラットフォームを構築することにつながるのではないか、とおもうのです。

本書のタイトルは『アイヌ学入門』ですが、ここでの「アイヌ学」は、アイヌへの多様な関心や好奇心に接続するための学問的なサポートといったものをイメージしています。「アイヌ学」という方法論をもつ学問分野が存在しているわけではありません。

読者のなかには、アイヌ学という言葉のなかに「学問する側／される側」といった植民地主義の残香を嗅ぎとる方がいらっしゃるかもしれません。しかし本書の意図は、複雑なアイヌの歴史や文化の一端を提示し、そのカオスのなかから単純な二項対立の論理をのりこえていこうとする点にあります。

いずれにしろ本書が目指すのは、今後さらに明らかになっていくであろう複雑なアイヌの実態、つまり容易には要約することの不可能なアイヌという存在の解明の「前触れ」となることであり、タイトルの「入門」はまさにこの意味なのです。

鏡のなかの私たちとしてのアイヌ

とはいえ、アイヌが「要約不可能」なままでは、本書を手にされたみなさんはもちろん納得してくださらないとおもいます。

そこで、世界中のどの民族とも異なるアイヌの特徴を一言であらわすとすれば、「日本列島の縄文人の特徴を色濃くとどめる人びと」ということになるでしょう。縄文文化は北海道から琉球列島にかけて一万年以上も続きましたが、アイヌは日本列島に暮らしたこの縄文人の特徴をよく残しているのです。

日本のマジョリティである私たち和人は、弥生時代に朝鮮半島から渡ってきた人びとと、日本列島の先住民である縄文人が交雑して成立した集団です。アイヌはサハリンの先住民や和人などと混淆《こんこう》することもありましたが、基本的にこの交雑化を積極的には受け入れようとしなかった縄文人の末裔《まつえい》であり、その文化には縄文文化の伝統も認められます。

かれらはその意味で、現在の日本列島における「本家」筋ともいえる人びとであり、北海道の先住民どころか日本列島の先住民ともいえるのです。私たちはアイヌのなかに縄文時代の「ご先祖様」の姿をみているということができるでしょう。

ただし祖先が共通でも、あるいは和人との混淆や文化の同化がどれほど進んでも、かれらが和人と異なるアイデンティティをもち、みずからを異なる民族と認識し、また世界的にそのように認められている事実を知っておく必要があります。

「本家」と「分家」とはいえ、言葉も習俗も異なり、数千年も異なる道を歩んできた両家のあいだには、ときに血で血を洗う対立もあったのですから、気易く親戚呼ばわりしてくれるな、というのが「本家」の人びとの本心でしょう。

これまでアイヌは閉じた世界に暮らす、和人にとって「遠い」人びととして描かれてきました。しかし本書が提示するように、アイヌは和人にとって「遠くて近い」人びとでした。両者の関係は従来指摘されてきた以上に複雑なのです。

では、なにがどれほど近く、どれほど遠いのでしょうか。この複雑な関係のなかに分け入り、おたがいの「距離感」を体感しておくことは、アイヌの人びととつきあううえで不可欠であるとおもいます。

本書がそのための「はかり」となるならさいわいです。

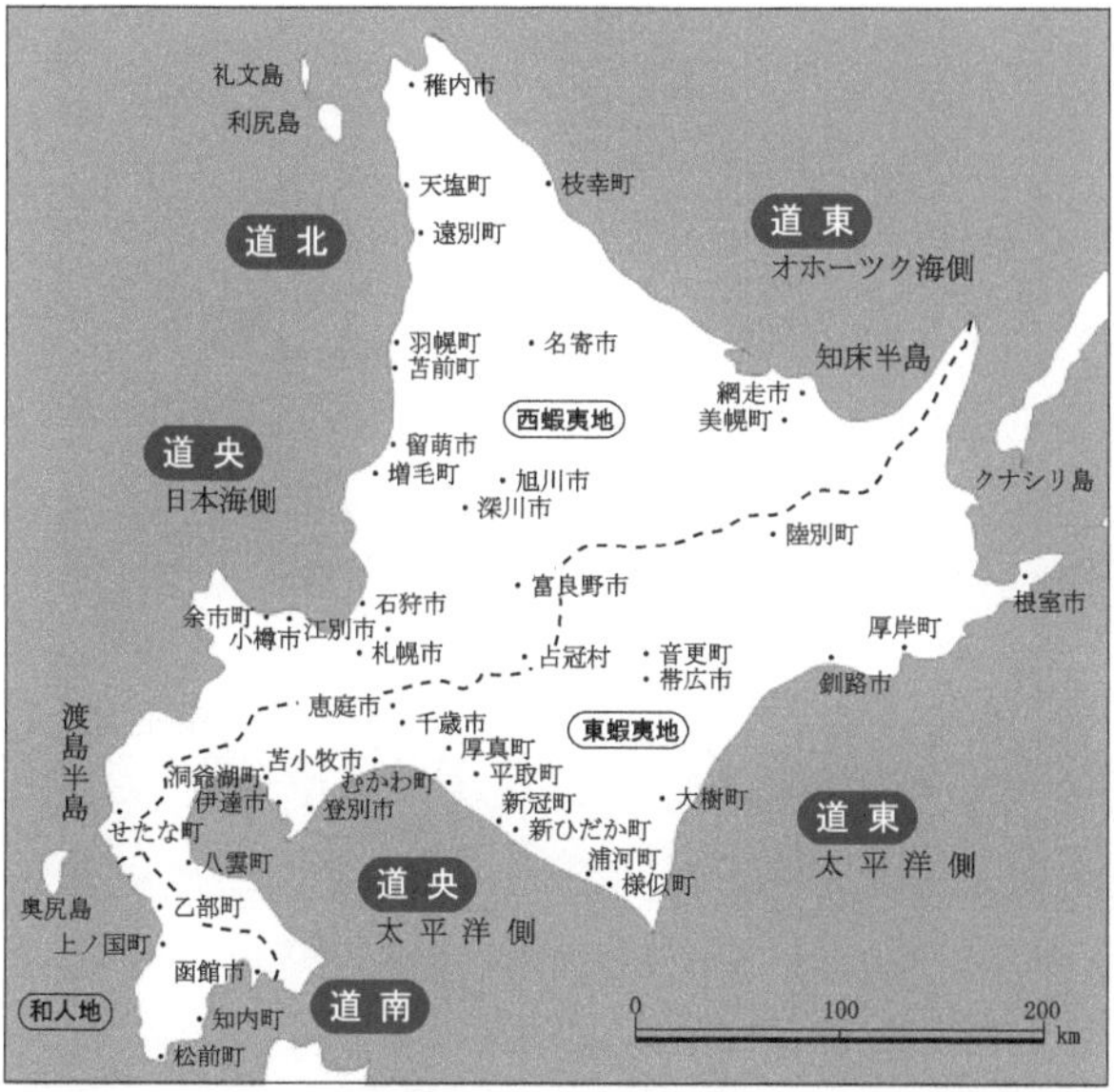

本書に登場するおもな地名

序章　アイヌとはどのような人びとか

アイヌの人びととの出会い

私は専門とする考古学の立場からアイヌの歴史研究にたずさわってきました。最初に、その研究にかかわるようになったきっかけや、アイヌの歴史や文化とどのように向きあってきたか、さらに歴史のあらましについてのべたいとおもいます。

私は札幌《さっぽろ》市に生まれ、本州の大学で考古学を専攻したのち、北海道にもどって旭川《あさひかわ》市で遺跡の発掘調査に従事してきました。

最初に調査を担当したのは、アイヌの人びとが多く暮らす近文《ちかぶみ》地区（第八章「現代」参照）の遺跡です。近文地区は市の中心部に近く、人口でいえば和人（本州系日本人）の居住者のほうが圧倒的に多い地区です。しかしアイヌの人びとが運営する博物館や、土産物の木彫りにたずさわる人びとの工房が点在し、親戚づきあいそのもののアイヌ同士の濃密なコミュニティが存在していました。

北海道に生まれたとはいっても、旭川へくるまでアイヌの人びとに会った記憶はありませんでしたが、発掘の作業員さんのなかにはアイヌの人びとが何人かいました。

はじめてみるアイヌの人びとはエキゾチックな顔立ちで、なかにはヨーロッパとアジアの接点である中央アジア・西アジアの人びとや、ヨーロッパの少数民族であるロマなどをおもわせる容貌の方もいました。アイヌ白人説が唱えられてきたのも、むべなるかな、というのがそのときの印象でした。

このアイヌ白人説というのは、一九世紀に長崎のオランダ商館の医師・博物学者であったシーボルトが唱えた、アイヌはコーカソイド（白色人種）のもっとも古い先祖とする説です。これはヨーロッパ世界に大きな影響をおよぼし、イギリス・ロシア・オランダ・ドイツなど各国の博物館が積極的にアイヌ資料の収集にのりだした背景にも、アイヌはみずからの祖先であるという意識が強くかかわっていました。

上川アイヌの川村アベナンカ(タネモンコロ)さん
1916年に開設されたアイヌ文化博物館（川村カ子トアイヌ記念館の前身）館長の川村イタキシロマ氏の妻（1871～1944)。川村兼一氏提供。

その後、一九六〇年代に北海道の日《ひ》高《だか》でアイヌの総合調査がおこなわれた結果、コーカソイドである積極的な根拠が見出されなかったため、アイヌはモンゴロイド（黄色人種）であると結論されました。しかし、アイヌがモンゴロイドとは異なる特徴を多くもつことから、研究者はその事実に頭を悩ませ、モンゴロイド説との整合性をはかるため、現代モンゴロイド成立以前の「原モンゴロイド」という仮想的な集団を設定し、アイヌをこれに帰属させたのです。

つまりアイヌは、コーカソイドともモンゴロイドともいえないというのが実際のところであり、そのためアイヌを「現生人類の大海に浮かぶ人種の孤島」、あるいは現生人類がコーカソイドとモンゴロイドに分化する以前の状態を保持する人びととみる研究者もいます。

形質人類学については素人ですが、私はアイヌがモンゴロイドであるといわれても納得することができません。一九三三年に北海道へ渡り、日高の平取町《びらとり》でアイヌの人びとの医療に従事したイギリス人のマンローも、アイヌ＝コーカソイド説を支持していました。私の知りあいのドイツ人は、アイヌによく似た特徴をもつ人びとがアルプス地方にいると語ってくれたことがあります。かれらはアイヌに同類意識を感じていた（いる）のです。

このような人種論は、ナチスの人種政策のように差別と強くむすびついてきたため、現在では積極的な議論がおこなわれることはありません。たしかに人種のあいだはグラデーションのように切れ目がなく、またすべての個人や集団を人種として実体的に特定できるわけではありません。しかし、人類の多様性を類別する生物学的な概念としての人種区分自体が、あやまちというわけではないのです。

いずれにしろアイヌは、私たちがアジア各地の人びとをみたときに感じる親近感や類的な一体感からは大きく隔たった人びとのようにおもわれました。そしてその奇妙な違和感こそが、私がアイヌの歴史研究にのめりこんでいくきっかけだったのかもしれません。

アイヌの歴史を掘る

作業員さんのなかに、みんなが「じいちゃん」とよぶアイヌのFさんがいました。Fさんは遺跡のある土地で農業を営んでいましたが、区画整理にともなって発掘調査がおこなわれることになり、アルバイトで調査に参加していたのです。

Fさんと私はみょうにウマがあいました。山でとってきた舞茸《まいたけ》などを手土産に、自転車をこいで私の家へやってきたFさんは、幼かった長男と遊んでは帰っていきました。

戦前、難工事で知られた天竜峡《てんりゅうきょう》の鉄道工事に従事したことを自慢にしていたFさんですが、アイヌとしての自分について話すことはいっさいありませんでした。アイヌであることをとくに隠していたわけではありませんが、私もそのことについて聞きたいとはおもいませんでした。

というのも、同じころ年配のアイヌの方と宴席でご一緒したことがあり、かなり酔ったその男性が、私の隣にいた妻をみて「おまえの彼女は目が一重で、和人顔だから嫌いだ」

と私にいったのです。妻の名誉のためにいっておかなければなりませんが、彼女は人好きのするタイプで、初対面の相手を不快にさせるような人間ではありません。当時の私は、かつてはげしかったアイヌ差別が生みだしたそのような心の闇を、Fさんのなかにみてしまうのがこわかったのかもしれません。

その後、奥さんを亡くしたFさんを訪ねると、鍬《くわ》をもって畑に立っていたFさんは私のことがわからず、困ったような顔をしていました。それからまもなくFさんは亡くなりましたが、ある本をみていて、Fさんが戦前に旭川で設立されたアイヌの団体「アイヌ問題研究会」のメンバーで、特高にマークされていたことを知りました。アイヌのアイデンティティにこだわっていないとおもっていたFさんの意外な過去は、生前の屈託のない笑顔とうまくむすびつきませんでした。

ところで当時の私は、担当していた一〇世紀代の遺跡を、外国で発掘をしているような感覚で調査していました。それは自分たちの祖先ではない他者の遺跡を調査しているという感覚です。私とアイヌの歴史をつなぐきっかけ、アイヌの人びとにたいする共感のようなものを、当時の私はもてないでいました。

あるとき、掘りあがった竪穴《たてあな》住居をみていたFさんは、「遺跡を調査するのは楽しい」といいました。「どうして？　毎日一輪車を押しているのはつらくない？」と聞くと、「だって、おれの先祖の遺跡だも」と笑いました。あたりまえの感想だとおもわれるかもしれませんが、私はFさんのその言葉をいまも忘れることができません。

それ以来、私にとってアイヌの歴史は、アイヌであることをいっさい語らない、ふつうの勤勉な農民であったFさんへ生をつないできた人びとの歴史としてリアリティをもつものになりました。

口数が少ないFさんは、アイヌとして生まれた自分をどのようにおもっていたのでしょうか。私たちと同時代を生きるアイヌの人びとが、アイヌであることをどのように考えているのか、第八章「現代」で紹介します。

変わってきたアイヌ

私はアイヌの歴史研究にかかわってきましたが、もちろんそれは現代に生きるアイヌの人びとと無縁ではありえません。アイヌの人びとが過去から未来に向かってどのようなアイヌの像をむすぶのか——私たちの研究はそのことに直結しているとおもわれます。

そのために私は、大きく三つのテーマからアイヌの歴史にかかわってきました。「変わってきたアイヌ」「変わらなかったアイヌ」「つながるアイヌ」です。それはこういうことです。

自然人としてのアイヌ
絵葉書のなかのアイヌのイメージ。
「Ainu Customs」。函館市中央図書館提供。

アイヌは縄文人の形質的な特徴をよく残し、縄文人の末裔であるといわれます。そのため狩猟採集の暮らしをおくっていた近世のアイヌ社会は、縄文時代から大きく変わらなかったと考えられがちです。

たとえば文化人類学者の渡辺《わたなべ》仁《ひとし》は、近世のアイヌ社会のありかたを、自然利用の視点から「アイヌ・エコシステム」としてモデル化し、そのモデルは縄文時代の社会を復元するために有効であると考えていました（渡辺一九七七）。そしてこの説は、その後の考古学やアイヌの研究に支配的といってよいほどの大きな影響をおよぼしてきました。これは「変わらなかったアイヌ」論といえるでしょう。

アイヌの文化は縄文時代以降、時代によって大きく変化してきました。しかし渡辺が問題にしているのはそのことではなく、社会の基礎をなす自然利用のありかたは変わらなかったという点です。では、アイヌの自然利用はほんとうに変わらなかったのでしょうか。

私は、アイヌにとって日本との交易が大きな課題となった一〇世紀以降、かれらが本州への交易品であった毛皮や干鮭《からさけ》（無塩の素干しのサケ）、高価な矢羽として珍重されたオオワシの尾羽などの生産に特化し、サケの遡上《そじょう》河川や産卵場、あるいはロシア沿海州《えんかいしゅう》から渡ってくるオオワシの飛来ルートなどに沿って地域社会を再編しながら、それらの猟・漁に積極的に従事してきたと考えています。

つまり渡辺がアイヌの古老から聞きとり、アイヌ・エコシステムとよんだものは、縄文時代から変わらなかった自然利用や社会のありかたではなく、アイヌが交易民として生きるなかでつくりあげてきた、歴史的な姿にほかならなかったのです。

この「変わらなかったアイヌ」論は、事実に即していないばかりでなく、アイヌのイメージの形成に大きな弊害をもたらしてきました。

国語学者・アイヌ文化研究者の金田一京助《きんだいちきょうすけ》は、アイヌという「原始的な人間社会の生きた標本」の研究を通じて、「文明の社会」に残る古俗を解明する手がかりが得られる、とのべています（金田一一九二五）。このような未開人・野蛮人としてのアイヌのイメージの形成は、日本の古代や中世にまでさかのぼるものであり、渡辺のアイヌ・エコシステム論にまで影を落としているのです。

乱獲されるシカ

交易のためにアイヌがどんなものをどれほど捕っていたか、少し紹介しておきましょう。

旭川市が位置するのは北海道中央の上川《かみかわ》盆地です。面積は約四五〇平方キロメートルで、国内では有数の巨大な盆地ですが、ここに暮らしていたアイヌ（上川アイヌ）は、江戸時代末から明治時代はじめには三〇〇人、七〇戸ほどでした。

少ないとおもわれるかもしれませんが、一八〇四年に北海道・南千島・サハリン南部に暮らしていたアイヌの総人口は二万三七九七人でしたので、内陸ではアイヌの一拠点といえます。交易品となる限られた動物種の狩猟・漁撈《ぎょろう》に従事する人びととしては、その程度の人口が適正規模だったのかもしれません。

当時、上川アイヌが移出していたのは、毛皮は年間キツネ八〇〇枚、カワウソ二〇〇枚、イタチ一〇〇〇枚、クマ一五〇枚、干鮭九万尾です。

サケの年間漁獲量は一戸あたり一三〇〇尾になりますが、当時は和人が河口で捕った塩引（塩鮭）が交易品の主体となっており、サケ資源も大きく減少していたため、最盛期には一戸あたり三〇〇〇～五〇〇〇尾、上川アイヌ全体では二〇万～三五万尾ほどのサケを干鮭として出荷していたと私は考えています。

上川アイヌはサケを捕るため犬を訓練し、一軒で飼う七頭ほどの犬が川で捕るサケだけでも二〇〇〇尾になったという記録がありますから、この推定はけっして無謀とはいえません。増殖事業の活発な現在、北海道の河川で漁獲されるサケは三〇〇万～四〇〇〇万尾、岩手県では三〇万～五〇万尾ですから、上川アイヌの漁獲量の多さがわかります。

上川アイヌがシカをどれほど捕っていたか記録はありませんが、十勝の陸別《りくべつ》町ユクエピラチャシ遺跡（一五～一六世紀）では、一万頭ほどのシカが捕獲されたと推定され、五歳をこえる成獣の骨がほとんどみつからないことから、乱獲がおこなわれていたと指摘されています。

北海道のシカは一八七九年の記録的な豪雪によりほぼ絶え、以後その姿をみかけることはほとんどありませんでした。シカは現在、食害や交通事故など深刻な社会的影響をもたらすほどに増殖していますが、かれらは一八七九年の危機を生き抜いたシカの子孫なのです。

それ以前の北海道のシカ資源が途方もない量であったことは、日高の山中で山肌一面を覆うシカの大群に遭遇した江戸時代の探検家松浦武四郎《まつうらたけしろう》の記録、あるいはオホーツク海沿岸の紋別《もんべつ》からウトロの一〇〇キロメートル以上にわたって、日暮れになると無数のシカが集まって浜辺を茶色く染め、塩水を飲み海草を食《は》んだというアイヌの古老の伝承などにもうかがうことができます。そのシカ資源の再生産に影響をおよぼすような乱獲が、かつてはおこなわれていたのです。

アイヌがなぜそれほど多量のシカを捕っていたのかといえば、もちろん自給食糧としてではありません。近世はじめに日本が東南アジアから輸入していたシカ皮は年間三〇万枚にもおよび、東北・九州・四国など全国の山間部でも競うようにシカ猟がおこなわれていました。シカ皮は武具や馬具に用いられましたが、北海道のシカもこの巨大な需要を満たしていたにちがいありません。

共感の歴史へ

このような特定の種に極端にかたよった動物利用は縄文時代にはみられません。

一〇世紀以降、アイヌはサケの産卵場やオオワシの飛来ルートに展開したといいましたが、その結果、集落は特定の地域に集中し、周囲には広大な無住の地が広がりました。しかしそれ以前には、サケが遡上しない川筋などのいたるところに集落が設けられていました。

たとえば、石狩《いしかり》川水系の富良野《ふらの》盆地では多数の縄文時代の遺跡がみつかっていますが、サケが遡上しないため一〇世紀以降は無人の地となり、近世には上川アイヌの狩猟場となっていました。縄文時代の社会の特徴を多様性とすれば、一〇世紀以降の社会の特徴は一様性・偏向性にあったといえます。

アイヌは、古くはキツネをスマリとよんでいました。しかしキツネの毛皮が商品になると、キツネだけでなくタヌキ・テン・イタチ・ウサギ・カワウソなど小型の毛皮獣をチロンヌップ（われわれがどっさり殺すもの）とよぶようになりました。クマなど大型の毛皮獣はチホキ（買われるもの＝商品）とよばれていました（中川二〇〇三）。

アイヌの伝承「フクロウの神がみずから歌った謡《うた》」では、飢饉《ききん》に苦しむアイヌにたいしてカムイ（神）が次のようにいいます。カムイがアイヌにシカとサケをあたえないのは、アイヌがシカを捕ってもその頭を（感謝の儀礼もせず）野山に捨ておき、サケを（敬意もなく）腐れ木でたたいて殺すせいだ、と。

ここには、神があたえてくれるものへの敬虔《けいけん》な感謝というアイヌの思想と、商品生産によってその思想がないがしろにされていく現実とのあいだの葛藤が語られています。

私たちがアイヌの人びとと生きていくうえで必要なのは、自然の摂理を体現する神のような存在としてかれらをまつりあげることではなく、私たちと同じありのままの人間としての歴史をみつめ、それに「共感」することではないでしょうか。

この「変わってきたアイヌ」については、第二章「交易」と第七章「黄金」でのべますが、くわしくは拙著『アイヌの歴史——海と宝のノマド』『アイヌの世界』（ともに講談社選書メチエ）を参照いただければさいわいです。

変わらなかったアイヌ

私は「変わらなかったアイヌ」論を批判してきましたが、最近、それだけでは十分ではないと考えるようになりました。

私たちが日本の伝統についておもいをめぐらせるように、アイヌの伝統の問題も論じられる必要があるのではないか。アイヌの人びとのアイデンティティの形成にとっては、「変わらなかったアイヌ」論が批判されたうえでなお、事実に即した「変わらなかったアイヌ」論が示される必要があるのではないか、とおもわれるのです。

しかし、これは簡単なことではありませんでした。

たとえば、アイヌのなかに縄文文化の伝統が認められるのかといった議論は、これまでほとんどおこなわれてきませんでした。縄文時代には土器と石器が用いられ、人びとは竪穴住居に住んでいましたが、近世のアイヌは本州から輸入した鉄鍋《てつなべ》と漆器《しっき》椀《わん》、鉄の刃物を用い、掘立柱《ほったてばしら》の平地式の住居に住んでいました。当然のことですが、物質文化をみればふたつの文化は大きく異なっています。

縄文時代と近世では、たとえばゴミ処理ひとつとってもずいぶん様相がちがいます。道東美幌《びほろ》町のアイヌ、菊池《きくち》股吉《またきち》エカシ（翁）によれば、近世～近代のアイヌのゴミ処理は次のようなものでした。

住居に敷いた草が古くなると、家から二〇メートルほど離れたゴミ捨て場に捨てる。魚の骨は、ゴミ捨て場から少し離れた場所に捨てる。動物の骨は、祭壇の近くにおく。毛皮は、祭壇から離れた、みえない場所に捨てる。炉の灰は、魚の骨の捨て場に近い灰捨て場に捨てる。サケ皮の靴は、魚の骨とはべつな場所に捨てる。

アイヌのゴミ処理にはかなり複雑なシステムが存在し、その理屈は容易に理解できそうもありませんが、ゴミにはランクがあり、それにしたがって捨て場が明確に区別されていたことはわかります。そのランクとは、動物骨を頂点として、毛皮、魚骨・灰・魚皮靴、一般ゴミという順位だったようです。

一方、縄文時代では、村のなかにつくられた貝塚に、動物も魚も灰も、こわれた道具もすべて捨てられました。ときには人間の遺体や愛犬も葬られました。ようするに、縄文時代と近世のアイヌのあいだには、ゴミをめぐる観念、ひいては人間と生き物とモノが織りなす世界観に大きなちがいがあったことになるのです。いずれの場合もゴミはたんなるゴミではなく、神とむすびついた有機的な世界の一部をなしていたようですが、アイヌの場合にはゴミが階層化しており、さらに人間がゴミの世界から遊離していた、といえそうです。

西アフリカのドゴン族は、家のまわりに家畜のフンや残飯などのゴミを放置していましたが、それはそれらが生命の循環の過程にあるので、あえて放置していたのでした。かれらにとってゴミだらけの環境は生命や活力を意味し、チリひとつない清潔な敷地は不毛な空間や死を意味していたのです。縄文時代の貝塚は、ドゴン族の屋敷同様、ハエやネズミがたかり、悪臭に満ちていたとおもわれますが、縄文人にとってはその臭《にお》いこそが生命や活力を意味していたのかもしれません。

いずれにせよゴミひとつとっても、縄文時代と近世のアイヌ社会のあいだには、観念世界の大きな転換があったことがうかがわれます。

本書では、この「変わらなかったアイヌ」について、第一章「縄文」でアイヌ語・クマ祭り・ミイラ・イレズミの問題をとりあげ、私の説を紹介しています。ただし、縄文時代までさかのぼるとみられるそれらの文化・習俗が、まったく不変だったというわけではありません。そのことにも注意したいとおもいます。

つながるアイヌ

縄文時代以降、アイヌは本州の和人や、あとでご紹介するサハリンから北海道へ南下してきたオホーツク人など北東アジアの人びとと深く交《まじ》わってきました。アイヌの歴史を大きく動かし、かれらを変わらせてきたのは、これら異民族的な人びととのさまざまな交流であったといえます。

クマに仮装するカムイ（神）
黒瀬久子画。旭川市博物館提供。

たとえば、先にアイヌの神観念についてふれましたが、アイヌ出身のアイヌ語学者、知里真志保《ちりましほ》によれば、アイヌの神観念の形成にも、和人などとの交易が深くかかわっていました。

アイヌ（人間）が考える神との関係は、次のようなものです。

> 神々はその国で、人間と同じ姿で、人間と変わらない生活を営んでいる。／ときをさだめて人間の村を訪れる。／その際、特別の服装を身につける（山の神であればクマの毛皮）。／人間に土産を持参する（山の神であればクマの肉）。／人間の村を訪れ、首長の出迎えを受ける。土産をあたえ、神はほんらいの姿

にもどる。／客となってそこに数日間滞在し、大歓待を受ける。／首長から土産の酒・コメ・シトキ（粢＝水に浸した生の米をついて粉にし、水でこねて丸めたもの）・幣《ぬさ》などをどっさりもらい、自分の国へ帰る。／国へ帰ると、部下の神々を集めて盛大な宴会をひらき、人間の村での見聞をきかせ、土産を部下におすそわけし、神々の世界での威信を高める。

一方、アイヌのユーカラでは、アイヌと和人の交易が次のようにのべられます。

アイヌの首長は、村で狩猟や漁撈を営んでいる。／かれはときをさだめて和人の村へ交易にでかける。／その際、晴着を身につける。／交易品の毛皮などを持参する。／和人の村を訪れ、毛皮などを土産としてさしだす。／客となってそこに数日間滞在し、大歓待を受ける。／和人から土産の酒・米・シトキ・煙草などをもらい、自分の村へ帰る。／村へ帰ると、部下を集めて盛大な宴会をひらき、和人の村での見聞をきかせ、土産を一同におすそわけし、アイヌの村での威信を高める。

両者の類似から知里は、アイヌの神観念の「一部」が、和人などとの交易の繰り返しのうえに形成されてきたものとしています（知里二〇〇〇）。

ここで注目したいのは、神をはじめとするアイヌの観念世界についても、交流のなかで形成され、あるいは変容してきたという事実です。

影響しあう文化

アイヌ文化といえば、独特な文様の刺繡がほどこされた衣服をおもいうかべる方がいらっしゃるでしょう。この伝統的な衣服や文様にも文化の交流が認められます。

近世のアイヌの衣服には、縄文伝統とおもわれる毛皮製のほか、大陸からもたらされた蝦夷錦《えぞにしき》（龍などの刺繡がほどこされた中国の役人の官服）や、日本の絹や木綿の古着、アイヌが自製する樹皮や草本製のものがあります。

このうちアイヌがアットウシとよぶ樹皮衣は、オヒョウやシナなどの靭皮《じんぴ》で織られた、アイヌの衣文化を代表する衣服です。ただし佐々木利和《ささきとしかず》によれば、その形態には日本の漁師などの労働着の影響がうかがえます。したがって、その点だけをとりあげればアイヌ文化固有の衣服とはいえないのですが、アイヌ文化において独自に発達した衣服であり、その意味ではきわめて伝統的な衣服といえるのです（佐々木二〇〇二）。

興味深いのは、アットウシが商品として日本に移出され、丈夫で耐水性にすぐれていることから漁師や船頭の労働着として珍重されたほか、刺繡文様の異国情緒が好まれ、歌舞伎役者などが着用していた事実です。和人にとってアットウシは、アイヌ独自のエキゾチックで機能的な衣服として認識されていたのです。

さまざまなアイヌ文様のなかでも渦巻き文（モレウ）は、衣服だけでなく盆などの木製

アイヌと周辺民族の文様

大塚和義編1993『アイヌモシリ——民族文様からみたアイヌの世界』国立民族学博物館による。

品にもほどこされ、代表的なアイヌの伝統文様として知られています。これは縄文土器の文様を受け継ぐものともいわれますが、同じモティーフは北東アジアの諸民族にもみられます。佐々木は、これらの渦巻き文が中国で唐《とう》〜明《みん》代に好まれ、漆器などにほどこされた「屈輪文《ぐりもん》」が北東アジアの人びとやアイヌに影響をおよぼしたものであり、比較的新しい伝統であると考えています（同前）。

アイヌの伝統文化とされるものには、日本や中国、北東アジア先住民の影響が強くおよんでいました。しかし日本文化が朝鮮半島や中国の影響を大きく受けてきたように、そもそも文化とは交流のなかで形成され、変容するものであり、文化的なオリジナリティとは、その混淆と変容の仕方のなかにも見出されるべきものなのです。

アイヌは、みずからの文化的な独自性やアイデンティティを強く自覚していました。最《も》上徳内《がみとくない》『渡島筆記《わたりしまひつき》』（一八〇八）によれば、「たまたま夷人村落に雑居するもの有といへども、婚姻を結はず、かたく故俗を守りて移ることをしらず」、つまりアイヌは、和人の村で雑居することがあってもかれらと婚姻せず、みずからの文化・習俗を保持していました。アイヌが異文化にたいして、全面的にそうだったとはいえないにせよ、基本的にこのような態度をみせていた事実は知っておく必要があります。

本書では、第三章「伝説」、第四章「呪術」、第五章「疫病」、第六章「祭祀」で、これまで明らかにされていないアイヌと日本文化の関係について私の考えをのべますが、誤解していただきたくないのは、アイヌ文化のすべてが日本文化に由来するのではないということです。アイヌと和人は縄文人という祖先を共有し、異文化でありながら弥生時代から密接なつながりをもってきました。日本文化の受容にはそうした歴史的背景もかかわっていたのであり、アイヌと日本の非対称な権力関係によって生じたものではありません。

アイヌがみずからの文化伝統を守りながら、同時に異文化を受容して豊かな文化を築いてきたという事実は、グローバリズムの渦中にある私たちが異文化世界と「つながること」の意味をあらためて考え、アイヌと私たちのあらたなつながりを生みだしていくきっかけをあたえてくれるのではないか、とおもわれます。

アイヌと縄文人の関係

次にアイヌの歴史についてご紹介します。

「アイヌ」とは、アイヌ語で神にたいする「人間」を意味する言葉です。かれらは、北海道を中心に本州北端、サハリン南部、千島列島、カムチャツカ半島南端という広大な地域に住み、アイヌ語という共通の言語を用いていました。アイヌ語は、日本語をはじめとする周辺地域のどの言語とも親戚関係が認められず、「孤立言語」とされています。先にのべたように、一九世紀代のこれら地域のアイヌ人口は二万四〇〇〇人ほどでした。

アイヌは縄文人の形質的な特徴をよく残し、縄文人の末裔であるといわれます。そこでまず、アイヌと縄文人の関係についてみていくことにしましょう。

二〇一二年、国立遺伝学研究所などの研究チームが、日本人の成りたちにかんする大規

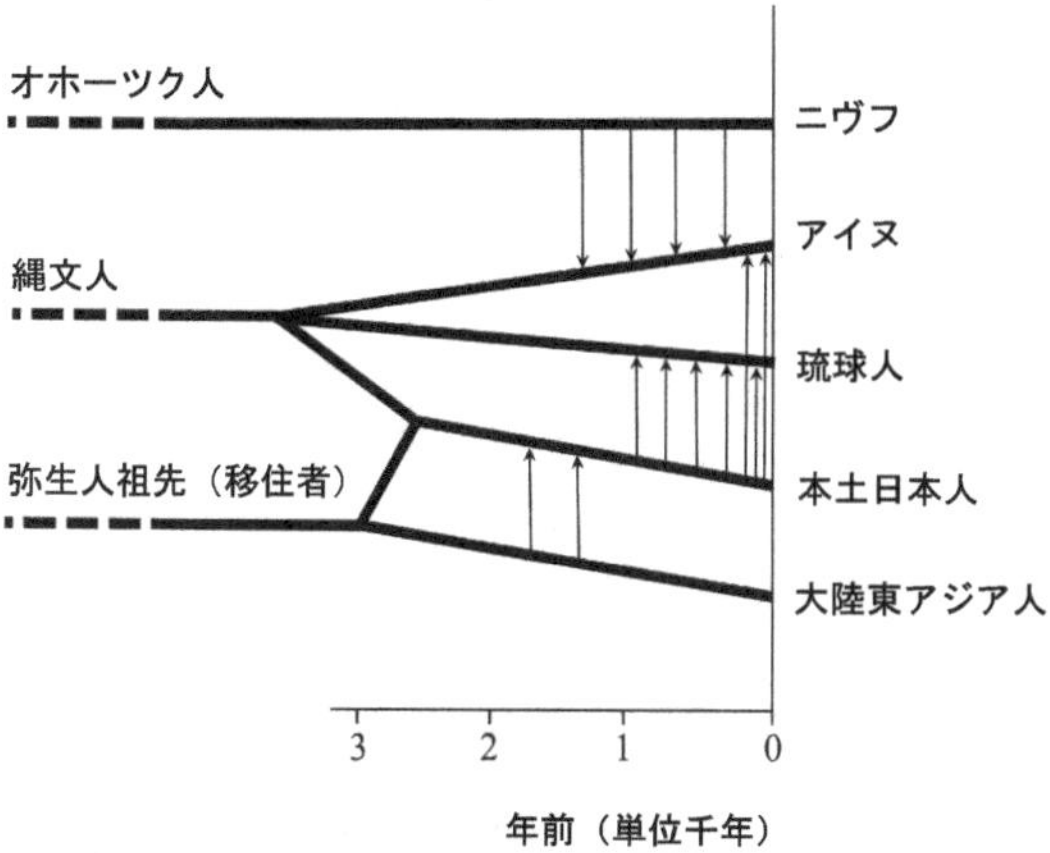

本土日本人・アイヌ・琉球人の成りたち
遺伝子分析と考古学の成果をもとに描かれた日本列島の3つの地域の人びとの関係。矢印は遺伝子交流（遺伝子的な交雑）を示す。
Timothy Jinam *et al*. The history of human populations in the Japanese Archipelago inferred from genome-wide SNP data with a special reference to the Ainu and the Ryukyuan populations. *Journal of Human Genetics*.57(2012).原図を改変。

模な遺伝子解析の結果を公表しました。それによれば、弥生時代に朝鮮半島から渡来した人びとが縄文人と交雑して和人（本土人）になり、周縁の北海道と琉球には縄文人の特徴を色濃くもつ人びと、つまり琉球人とアイヌが残ったといいます。

先にアイヌ＝コーカソイド説にふれましたが、縄文時代にはアイヌと同じ特徴をもつ「人種の孤島」ともいうべき人びとが日本列島を覆っており、そこへ弥生時代になると寒冷地適応した北方モンゴロイド集団が入りこみ、縄文人と混血して本州・

四国・九州へ拡散するなかで、現代の本土日本人につながる遺伝子的な特徴が形成された、ということのようです。

この研究結果は、骨などの形質的な特徴をもとに論じられてきた日本人の成立をめぐる従来の定説、つまり埴原和郎《はにはらかずろう》の「二重構造モデル」（埴原一九九三）を、遺伝子解析の成果によって追認したものといえます。

近年の遺伝子研究では、北海道・東北の縄文人と関東の縄文人のあいだの遺伝子的な差異など、定説の屋台骨を揺るがしかねない異論も示されていました。大規模な分析によって定説が支持されたことには、その点でも意義がありそうです。

縄文文化は、北は北海道、東は南千島、南は琉球列島、西は対馬《つしま》にまで広がっていました。琉球列島が縄文文化にふくまれるかどうかは意見の分かれるところですが、先島《さきしま》（宮古・八重山地域）を除けば、強い個性をみせるものの縄文文化の枠組みのなかでとらえられる、とされています（水ノ江ほか二〇一三）。この縄文文化は、縄文人＝アイヌ的な人びとによって担われた文化だったのです。

第一章「縄文」でのべるように、アイヌは縄文語の伝統をアイヌ語として受け継いできたとみられます。アイヌ語は日本語とは構造的に異なる言語とされています。あとでのべるように、古代にはサハリンから南下してきたオホーツク人や、本州から移住してきた和人との混淆もありましたが、形質だけでなく言語などの文化もふくめて、アイヌは縄文人の伝統をよく受け継いできたといえます。

一方、琉球列島については、近年の考古学の成果によれば、九～一一世紀前半ごろ奄美《あまみ》大島《おおしま》に隣接する喜界島《きかいじま》へ古代日本文化を担った集団が本土から渡来し、城久《ぐすく》遺跡群とよばれる大規模な集落を形成しました。その後一一世紀後半～一二世紀には喜界島から琉球列島へ集団移住が展開し、南島《なんとう》人はこの移民の影響を強く受けたと考えられています（安里二〇一三）。

琉球語は日本語と同系関係にある言語とされているので、琉球列島の縄文人の末裔にはアイヌにくらべて和人の影響がより強くおよんだようです。おそらくそこには、移住してきた和人集団や在地集団の規模のちがいがかかわっていたのでしょう。

縄文人の女性（復元）
国立歴史民俗博物館編2005『水辺と森と縄文人』。

ただし、アイヌの人びとが沖縄を訪れると、琉球人のなかに親戚かと感じる人たちを多くみかけるというのはよく耳にする話です。

縄文人国家？

近年の考古学の成果によれば、縄文時代の琉球列島に中国や台湾の影響はおよんでおらず、また九州の縄文文化に朝鮮半島の影響、北海道の縄文文化にサハリンやカムチャツカの影響はほとんどおよんでいないことが明らかになっています。この事実は縄文文化の孤立的な性格を示しています。

このことを証するように、縄文人の遺伝子配列のハプログループ（これについてはあとでのべます）はいちじるしく多様性が少なく、比較的長期にわたって周辺集団から孤立していた可能性が指摘されています（篠田ほか二〇一〇）。

縄文文化の広がりは、現在の日本の領土とほぼ重なります。もちろん、そこに近代の国民国家を投影したところで意味はありません。縄文文化の境界と、近代の国境を同列に論じることはできないのです。しかし縄文人の末裔が周縁の縄文人の末裔を取りこんで成立した国家の領域が、時代によって変化しつつも、結果として縄文文化の領域にほぼ一致する事実は興味深いといえるでしょう。列島社会における縄文的な基底性に注目し、そのことを植生や地勢、海流や交通といった側面から検討してみることには意味があるかもしれません。

もちろん重要なのは、アイヌ・琉球人・和人が、同じ縄文人を祖先にもちながら、それぞれがちがった歴史を歩んできた事実であり、たがいに異なる集団と認識してきた事実です。

形質や文化がどれほど混淆していようと、それぞれの独自な歴史やアイデンティティが尊重されなければならないのはいうまでもありません。「民族」とは、このような歴史や文化の共有の意識にもとづくものなのです。

マイノリティとマジョリティ

縄文人からアイヌへの連続性は、形質や遺伝子というヒトの属性から指摘できるにとどまりません。それはモノから歴史を考える考古学によっても明らかです。

北海道の考古学的な文化は、古い時代から順に、「旧石器文化」「縄文文化」「続《ぞく》縄文文化」「擦文《さつもん》文化」「アイヌ文化」と移り変わってきました。石器・土器・鉄器の有無など、物質文化の特徴によって設定されているこれらの文化は、それぞれ異なる内容や特徴をもっています。しかし、各文化の移行をみるとグラデーションのように連続的で、断絶は認められません。

あとでのべるように、古代の北海道にはサハリンからオホーツク人、本州から和人（本土人）が進出しましたが、かれらは最終的にアイヌの祖先と同化しました。世界各地のさまざまな集団のミトコンドリアDNAを分析し、突然変異をもとにDNA配列の似た者同士をまとめていくと、いくつかのグループに分かれます。これをハプログループといいますが、近代アイヌのDNAをみると、縄文人的なハプログループのなかにオホーツク人や和人に特徴的なハプログループが加わったことが指摘されているほか（篠田ほか同前）、頭蓋骨など骨の特徴からも同化のあったことが推定されています（百々ほか二〇一二～一三）。考古学からみても、かれらがアイヌの祖先に少なからぬ文化的影響をおよぼしたことが推定されるのです。

しかし、アイヌの祖先集団が北海道におけるマジョリティであり、移住者がマイノリティであったことは、遺跡の数や分布などから推定でき、アイヌが縄文文化の伝統を保ってきたことからも裏づけられます。

アイヌはオホーツク人や和人と交雑してきたため、もはや純粋なアイヌはいないといわれることがあります。これは遺伝子や形質を問題にしているようですが、集団全体として遺伝子や形質に一定の共通性がみられることはあっても、そもそも集団としての純粋な遺伝子や形質などというものが存在するわけではありません。

第八章「現代」でのべるように、アイヌのアイデンティティをもち、伝統的な文化を伝承しようとする人びとは多くいます。かれらはまた、たがいの祖先からの系統を確認しあいながら、地域ごとに濃密なつながり（コミュニティ）をもっています。父母や祖父母といったみずからの祖先に愛情と敬意をもつのは人間として当然です。そして、その父母や祖父母が同じ歴史や文化を共有する人びとであった以上、文化や形質がいくら混淆し変容しても、アイヌという集団のアイデンティティは受け継がれていくにちがいありません。

アイヌは一三世紀に出現したか

縄文文化以降、北海道では本州とは異なる独自の文化が展開しました。

本州では弥生時代に農耕社会へ転換し、古墳時代には巨大な王墓を生みだしました。この弥生・古墳時代に並行する北海道の社会は、本州社会の影響を受けながらも、基本的には縄文時代からの暮らしを受け継いでいました。この時代を「続縄文時代」とよびます。続く飛鳥・奈良・平安時代の北海道は、本州から鉄の道具を取りいれ、石器は使われなくなります。農業も導入し、半農半猟の生活スタイルを確立する一方、サケやオオワシなど、本州が求める交易品を活発に移出するようになりました。七世紀後葉から一二世紀までの時代を「擦文時代」、本書では古代ともよびます。

鎌倉時代になると、北海道では日本との交易が拡大し、鉄鍋と漆器椀が流通して土器も

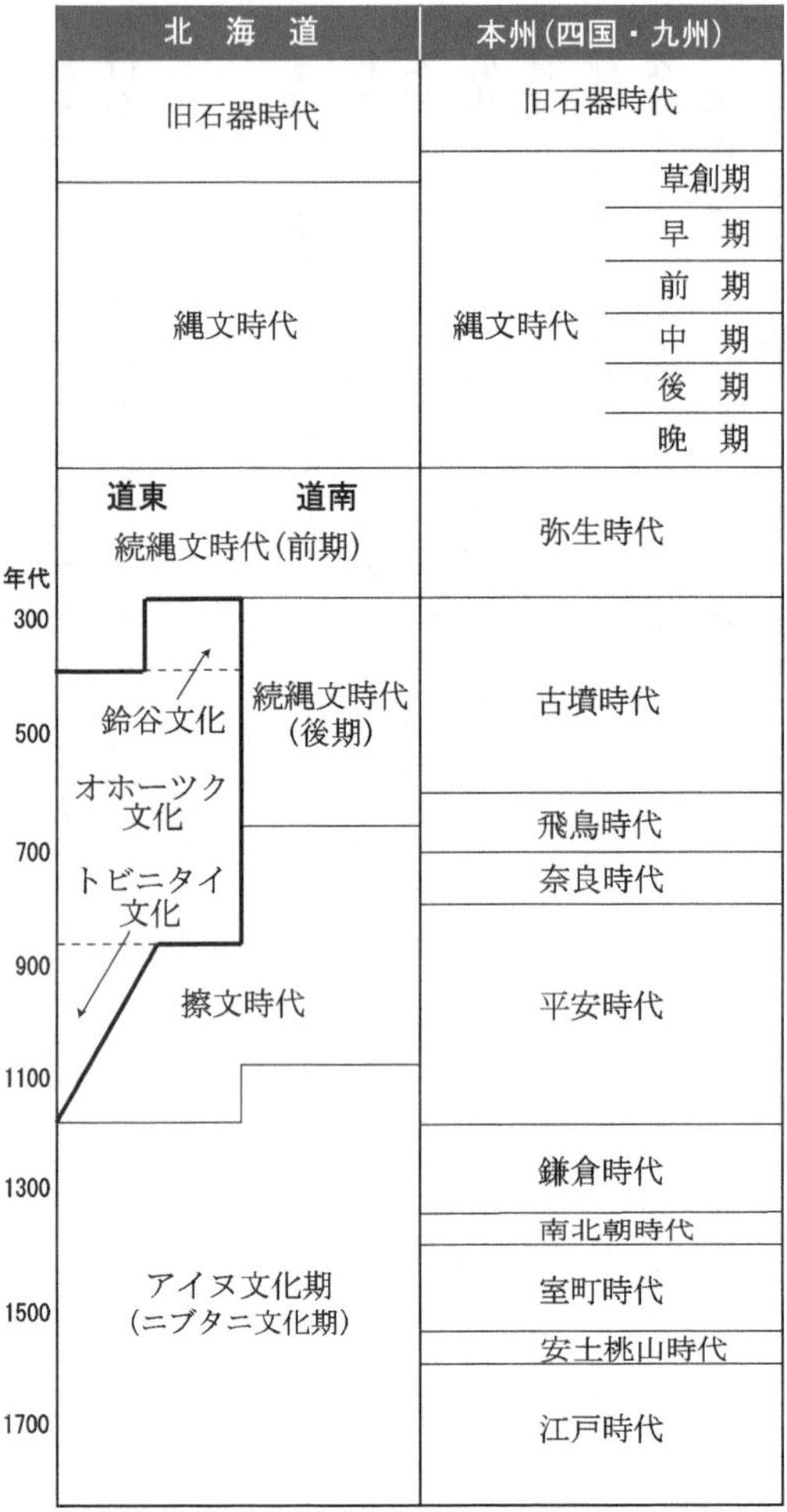
北海道
本州（四国・九州）
旧石器時代
旧石器時代
縄文時代
縄文時代
草創期
早　期
前　期
中　期
後　期
晩　期
道東
道南
続縄文時代（前期）
弥生時代
年代
300
500
700
900
1100
1300
1500
1700
鈴谷文化
オホーツク文化
トビニタイ文化
続縄文時代（後期）
古墳時代
飛鳥時代
奈良時代
擦文時代
平安時代
鎌倉時代
南北朝時代
アイヌ文化期（ニブタニ文化期）
室町時代
安土桃山時代
江戸時代

北海道の時代区分

使われなくなります。また、サハリンや大陸との交易も活発化します。この一三世紀以降、江戸時代にかけての時期を「アイヌ文化期」、本書では中世・近世ともよびます。

このようにみてくると、アイヌという人間集団は「アイヌ文化期」になって出現したとおもわれるかもしれません。しかし、そのように考えている研究者はおそらく一人もいません。

江戸時代後半になって北海道へ多く入りこむようになった和人は、エキゾチックなアイヌの習俗を文書やスケッチに記録しました。私たちがイメージするアイヌは、そこに記録された一八世紀以降の姿にほかなりません。一般にアイヌ文化とよばれるものは、この一八世紀以降の、アイヌの口承文化などをふくむ生活様式を指します。

一方、考古学でいう「アイヌ文化」とは、擦文文化以降の中近世の遺跡からみつかる物質文化（鉄鍋・漆器椀・平地式住居など）の組みあわせを指しています。たとえば、考古学者は、中世の「アイヌ文化」の遺跡に暮らした人びとが、一八世紀以降のアイヌとまったく同じ生活文化をもっていたと考えているわけではないのです。

このようなわかりにくさの原因は、考古学者が中近世の考古学的な文化を、一八世紀以降のアイヌの生活様式であるアイヌ文化と同じ名称にしてしまったことにあります。仮に日本の鎌倉時代や江戸時代を「日本人時代（文化）」とよぶことにすれば、大きな混乱や誤解が生じることは容易に理解できるでしょう。

ところで、近年まで中世の遺跡がなかなかみつからず、研究者は考古学的な「アイヌ文化」と擦文文化が連続的なのか、あるいは断絶があったのか確信がもてませんでした。しかし現在では、アイヌの代表的な祭祀具であるイナウ（幣《ぬさ》・木幣《もくへい》＝アイヌが祭儀に用いるケズリカケ）の出現は、擦文時代中期の一〇世紀であることが明らかになっています。また平地式住居・鉄鍋・漆器椀なども擦文時代の後半にあらわれ、あるいは流通していたことがわかっています。つまり擦文文化から「アイヌ文化」への移行は連続的であり、アイヌという人間集団が「アイヌ文化期」になってあらわれたわけではなかったのです。

私はこの考古学的な「アイヌ文化」を、中近世の著名な遺跡が発見され、アイヌ文化伝承の聖地としても知られる平取町二風谷《にぶたに》にちなんで、「ニブタニ文化」とよびかえようと提唱しています。その用語は日本考古学の概説書にもとりあげられるなど理解は得られてきていますが、長く使われてきた学術的なタームを変えるのは容易なことではありません。

南下するオホーツク人

縄文時代の日本列島の社会は、周辺世界との交流が希薄だったとのべました。

北海道では、縄文人が宗谷《そうや》海峡を越えてサハリンへ、また南千島のクナシリ島・エトロフ島を越えて北千島へ進出することは、一万年以上のあいだ基本的にありませんでした。しかし、本州の社会が弥生文化へ移行し、朝鮮半島や中国との交流を活発化させていったのと呼応するように、続縄文時代を迎えた北海道の縄文人の末裔たちも、縄文的世界の境界を越え、外の世界へ進出していきました。かれらはサハリン南部と北千島へ進出をはじめますが、それは北海道へ弥生文化の影響がおよび、恵《え》山《さん》文化という弥生系文化が道南に成立したのと同時のことでした（福田二〇一三）。

オホーツク人（復元）
網走市モヨロ貝塚館。網走市立郷土博物館提供。

この越境の動きは、北海道だけでなくサハリンでも生じていました。サハリンのオホーツク文化人が、四世紀になると北海道へ南下してきたのです。南下したオホーツク人は、六世紀までサハリン対岸の利《り》尻《しり》・礼《れ》文《ぶん》島を中心に道北端の沿岸部を占めていました。しかし七世紀になると、道東のオホーツク海沿岸にも進出し、千島列島まで一気に領域を拡大します。アイヌはこれを避け、北海道の南半に押しこめられるかたちになりました。

オホーツク人の集落は海岸線から二キロメートル以内にしかなく、高度に海洋適応した人びとと考えられています。一方、アイヌの集落は縄文時代以降近世まで、沿岸から内陸奥地にまで設けられています。オホーツク人の生態系適応の狭さは、かれらとアイヌの生業の原理がまったく異なるものだったことを示しています。オホーツク人は、冬にはアザラシ・オットセイ・クジラ・イルカなどの海獣狩猟、春にはニシン、夏にはカレイ、秋にはサケ・マスなど、あらゆる海産資源を徹底的に利用していました。

オホーツク人はアイヌとは生業《せいぎょう》だけでなく、土器・石器・住居・船・葬儀の方法など、あらゆる文化面においてアイヌとは異なっていました。言語もちがっていたはずです。両者の交流がまったく認められないわけではありませんが、基本的には両者は疎遠で、潜在的には対立的な関係にあったとみられることも、そのような文化のちがいの大きさに由来したのでしょう。

オホーツク人は、大陸沿海州の靺鞨《まっかつ》や渤海《ぼっかい》といった民族的集団と交流をもち、鉄器や装飾品などの産物を入手していました。かれらが北海道へ南下してきた理由は、大陸との交易にかかわるものだったと考えられます。オホーツク人が海洋適応した人びとであったにもかかわらず、クマなどの毛皮獣も多数捕獲していた事実は、それらが交易品だったことを示しています。四〜九世紀の北海道は、北の大陸に顔を向けたオホーツク人と、南の本州に顔を向けたアイヌが二分していたのです。

しかし六世紀になると、オホーツク人の一部は日本海を南下し、道南の奥尻《おくしり》島を拠点として本州へ往来するようになります。それ以降、オホーツク文化には本州産の刀剣なども流通するようになりました。かれらの日本海南下の目的は、本州の産物の入手にあったとみられます。北海道南半のアイヌの領域に進出し、本州の産物をもとめるオホーツク人の行動は、アイヌとの潜在的な対立関係を表面化させることになったでしょう。

石狩市八幡町《はちまんちょう》遺跡では四世紀ごろのアイヌの墓地がみつかっていますが、墓はどれも六体や九体など多数の遺体を同時に埋葬しており、その年齢が二〇〜三〇歳と若いことから、オホーツク人との戦いによる戦死者だったのではないかと考えられています（石附一九七九）。オホーツク人は六世紀以前から日本海南下を試み、アイヌとのあいだで紛争が生じていたのかもしれません。

本州からの移民

四世紀にオホーツク人が南下して道北を占めると、アイヌはおもに北海道の南半で暮らすようになりました。これと同時にアイヌは本州へ南下します。

気候の寒冷化で稲作が困難になり、人口希薄地となった東北北部へ進出したアイヌは、内陸伝いに古墳社会の前線地帯であった仙台《せんだい》平野と新潟《にいがた》平野をむすぶラインまで南下します。アイヌはその前線地帯で古墳社会の人びとと混住し、鉄器などを手に入れていました。かれらの南下の目的は古墳社会との交易だったのです。

ただし五世紀後葉以降、東北北部の岩手県や青森県に古墳社会の人びとが北上してきました。それにつれてアイヌと古墳社会の交易拠点も北上し、最終的には青森県や岩手県の太平洋沿岸が交易拠点となります。アイヌは、六世紀には東北北部から北海道へ撤退し、季節的にこの交易拠点にやってくることになりました。この人間集団の入れかわりのなかで、東北地方にアイヌ語地名が残されたことについては第一章「縄文」でのべます。

さらに七世紀後葉になると、アイヌと交易していた東北北部太平洋沿岸の人びとが北海道の南半へ移住し、札幌市・江別《えべつ》市・恵庭《えにわ》市・千歳《ちとせ》市など石狩低地帯を中心に集落をかまえます。その目的は、『日本書紀《にほんしょき》』に記録された王権の大艦隊の北方遠征という歴史的な事件にかかわっていましたが、くわしくは拙著（瀬川二〇一一）を参照してください。

第六章「祭祀」でのべるように、この本州からの移民は農耕民であり、アイヌはその農耕文化を取りいれ、活発に農耕をおこなうようになります。移民はまた古代日本語を話し、古代日本の祭祀の文化をもつ人びとであり、アイヌの宗教と儀礼に影響をおよぼしました。ちなみにこの移民たちは、東北北部では「エミシ」とよばれていた人びとでした。移民がもたらした文化を受容して、古代アイヌの文化である擦文文化が成立します。ただし、移民の数はアイヌを上回るようなものではなく、また九世紀にはその移住も絶え、かれらはアイヌに同化されたとみられます。

一万年以上にわたって閉鎖的世界に暮らした縄文人の末裔たちは、オホーツク人や和人（日本語集団）という異民族的集団との交流の渦にまきこまれていくことになったのです。

海の民の幻影

知里真志保は、近世のアイヌの言語・ユーカラ（アイヌに伝わる長編叙事詩）・地名などを通じて、かれらの生活の奥には、いつも海を生活の本拠地としていたころのなごり、すなわち「海の民族の幻影」がちらつくとのべました。それは食器のことを船を意味する言葉でよび、魚に例えた慣用句が多くあることなどを指していますが、のみならず、クマ祭りのような山間の行事のなかにあってさえ、かつては海の民であったかれらの面影がうかがわれる、というのです（知里二〇〇〇）。

知里の直感は魅力的です。しかし縄文人の末裔たちは、沿岸から内陸まで展開しており、その点においてオホーツク人の生活原理とは大きく異なるとのべました。では、近世アイヌにうかがわれる海の民族の幻影とは、いったいなにに由来していたのでしょうか。

アイヌが最終的に占めた地域は、北海道のほか千島列島・カムチャツカ半島南端・サハリン南部・本州北端をふくむ広大な地域でした。さらにその交易圏は、大陸のアムール川下流域までおよんでいました。かれらは広大な環オホーツク海世界の南半を占めていたのです。考古学からみたこの「民族移動」の経過は次のようなものです。

先にのべたように、アイヌは四〜九世紀まで、北海道の北半を占めるオホーツク人を避けるように北海道の南半に暮らしていました。しかし九世紀後葉になると全道へ進出を開始します。

九世紀後葉には、まず日本海沿岸を稚内《わっかない》まで北上します。一〇世紀はじめには宗谷海峡をまわりこみ、オホーツク人を排除しながらオホーツク海沿岸に達しました。この過程でオホーツク人の残党は、根室《ねむろ》海峡周辺とクナシリ島やエトロフ島などの南千島、さらにこれら地域の山間部に追いこまれます。沿岸部をアイヌに占められつつあったかれらは、もはや海の民ではいられませんでした。

これらの地域では、アイヌとオホーツク人の同化を示す中間的な特徴をもつ土器や住居がみつかります。オホーツク人の一部はアイヌに同化されたとみられます。あとでのべるように、サハリンへ進出したアイヌは、一三世紀には同地に残存したオホーツク人の末裔とされる先住民ニヴフと緊張状態にありましたが、投降したニヴフとともに大陸の先住民の村々を襲うなどしていました。北海道のオホーツク人とアイヌの関係も、このような複雑な実態をみせるものだったのでしょう。北海道のオホーツク人の残党は、最終的にすべてアイヌに同化されてしまいました。一三世紀頃のことです。

オホーツク人は農耕もおこなっていましたが、同化の過程でオホーツク人の農耕文化がアイヌに取りこまれ、大陸に起源をもつオオムギのタイプがアイヌに受容されました。また近世の道東アイヌの住居をみると、樹皮葺《ぶ》きなど他地域とは異なる特殊な手法がみられますが、これもオホーツク人の住居伝統を受け継ぐものだったとおもわれます。さらに、近代のアイヌのDNAには、縄文人にも本土日本人にも存在しないハプログループYがみられますが、これはオホーツク人をふくむ北東アジアの先住民に特有のものです。

アイヌの「民族移動」の動きはこれにとどまることなく、一一世紀前後にはサハリン南部西岸、一一世紀末以降は釧路《くしろ》市など道東太平洋沿岸と南千島へ進出します。さらに一五世紀にはウルップ島以北の北千島、カムチャツカ南端へと次々進出していきました。

ヴァイキングとしてのアイヌ

では、このような「民族移動」はなぜ生じたのでしょうか。

アイヌ社会では九世紀後葉以降、日本との交易が活発化し、その需要にこたえる産物の生産が至上命題となっていました。

たとえば日本では一〇世紀以降、オオワシの尾羽を高級な矢羽として珍重し、合戦でも用いるようになります。正倉院《しょうそういん》に収められているそれ以前の矢をみると、矢羽に用いられているのはオオタカやクマタカなど基本的に在地の鳥です。当時はオオワシ尾羽の珍重は認められません。ところが一〇世紀になるとオオワシ尾羽が珍重されるようになります。オオワシはロシア沿海州で繁殖し、冬になると道東オホーツク海沿岸や千島へ飛来します。つまり日本にオオワシの尾羽をもたらしていたのは、一〇世紀に道東へ進出したアイヌだったことになります。

中国側史料によれば、一三世紀にはアイヌのサハリン進出が拡大し、オホーツク人の末裔である現地の先住民ニヴフらとトラブルをおこしていました。そのため先住民が服属していた中国の元《げん》は軍隊を派遣し、半世紀近くにわたって元とアイヌは戦いを繰り広げることになります（中村一九九七）。

この元とアイヌの戦いは、元が北部九州に攻めこんだ一三世紀後葉の「元寇《げんこう》」（文永《ぶんえい》・弘

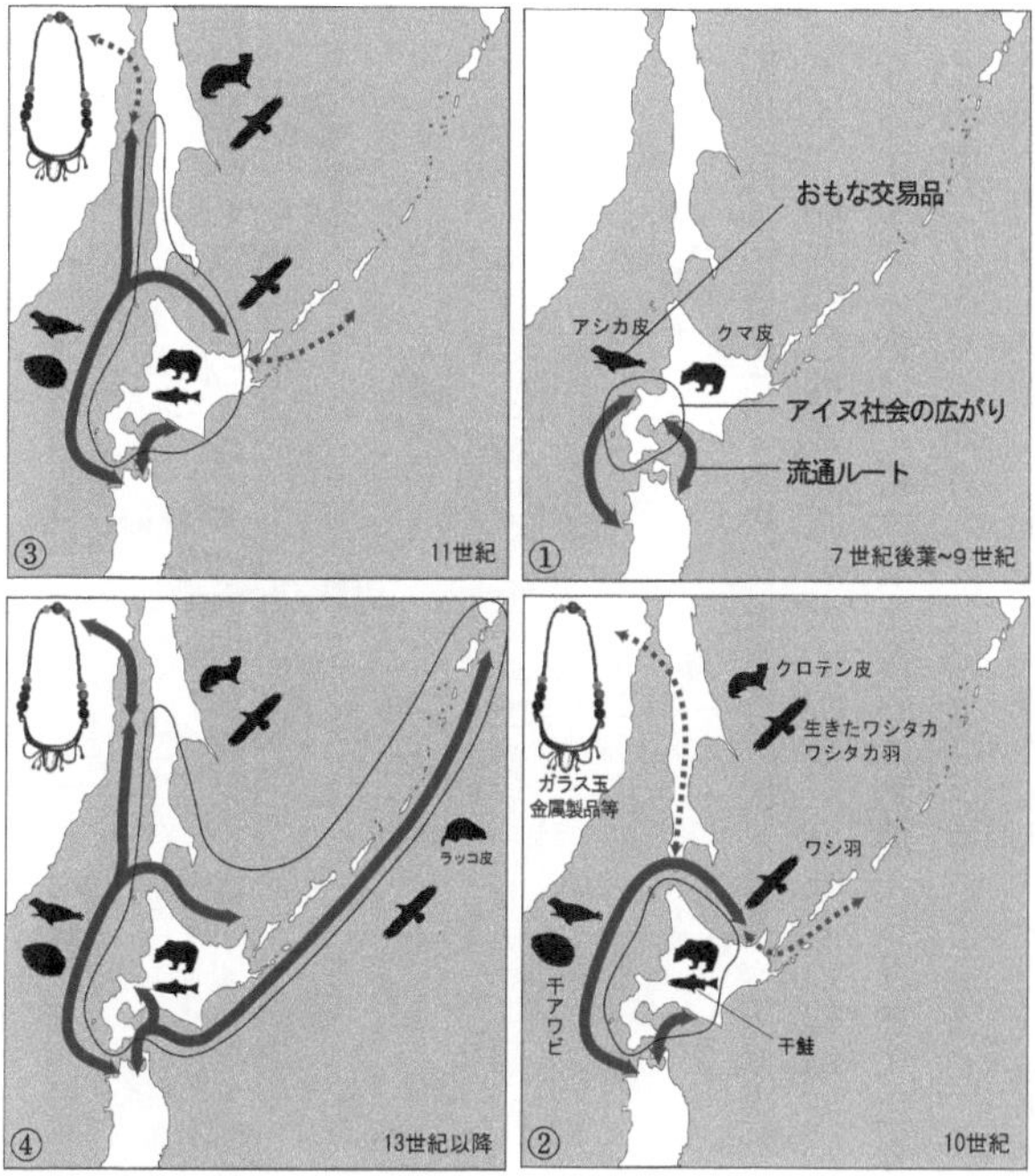

拡大するアイヌ社会と交易品の流通

安の役《えき》）と同じ時代のできごとですが、ほとんどの方はご存知ないかもしれません。私たちのアイヌのイメージをもっとも強く揺さぶるのが、この元とアイヌとの戦いといえます。

戦いの発端は、アイヌが毎年北海道からやってきて領域を侵すというニヴフの訴えにもとづき、元が一二六四年にアイヌを討ったことにあります。その後一二八四年から八六年にかけて元は毎

アイヌと大モンゴルとの戦い
旭川市博物館提供。

年アイヌを攻撃しています。

八五年に派遣された元軍は兵一万人、八六年には兵一万人と船一〇〇〇艘と記録されていますが、兵一万人とされる場合、実際には数千人規模であることが多かったようです。とはいえ、文永の役に動員された元軍は兵約三万人、船九〇〇艘だったのですから、かなりの規模だったといえるでしょう。これにたいするアイヌの数は、最大でも数百人程度だったのではないでしょうか。

この間アイヌは、かれらに投降したニヴフとともに、大陸のアムール川下流域へ渡って先住民の村々を襲撃し、元軍の追撃をかわすなどを繰り返していましたが、一三〇八年には毛皮の貢納を条件にアイヌが元に服属を申し入れ、戦いは終息します。

先住民ニヴフとのトラブルの原因は、ひとつにはタカを元に貢納していたニヴフのタカ飼いをアイヌが捕虜にし、それらを日本へ出荷しようとしたことにありました。つまりアイヌのサハリン進出には、ワシやタカの本州への移出がかかわっていたのです。

さらにアイヌは、元についで成立した明《みん》とも活発に交易をおこなっていました。一五世紀の記録は、明のアムール川下流域の統治拠点である「奴児干都司《ヌルガンとし》」に、交易を求めるアイヌがやってきたと伝えています。

さらに第三章「伝説」でのべるように、一五世紀になると日本ではラッコの毛皮が珍重され中国への輸出品にもなりました。ラッコは千島列島周辺に多く生息し、近世には北千島のウルップ島が「ラッコ島」とよばれて一大産地になっていました。つまりこのラッコの毛皮を日本へもたらしていたのも、一五世紀に北千島へ進出したアイヌだったことになります。

一〇世紀以降のアイヌは、異境の産物を求めて海を越え、日本と大陸をむすぶ中継交易者として活躍しながら、異民族や中国王朝との対立のなかに身を投じていった「ヴァイキング」でした。知里がいうようにアイヌが「海の民族」だったとすれば、それは一〇世紀以降のかれらの姿だったといえるのです。

封じこまれるアイヌ

本州の和人は、大きな富をもたらす北方の産物を、アイヌを介して入手していましたが、交易が拡大すると、北海道へ渡ってその富を独占しようとする動きが生じていきました。

和人は一四世紀後半以降、渡島《おしま》半島南端を中心に移住を進めたことが、陶磁器の出土などによって明らかになっています。第四章「呪術」でのべるように、実際にはそれ以前から和人がさまざまな目的で北海道へ渡ることはあったはずです。とくに岩手県の平泉《ひらいずみ》で権勢を誇った奥州藤原氏《おうしゅうふじわらし》は、砂金のほかオオワシ尾羽や海獣皮など北海道の産物を富の源泉としていたのですから、その関係者の北海道への渡海は十分に考えられます。そのことについては第七章「黄金」でのべます。

一四五七年に道南で起こったコシャマインの戦いを皮切りに、その後一世紀にわたってアイヌの蜂起《ほうき》が相次ぎました。これは道南を拠点に勢力を拡大する和人集団とアイヌの戦いであるにとどまらず、和人集団同士の覇権争いや、それぞれの和人集団につながるアイヌ同士の戦いといった、複雑な性格をもつものだったとみられます。

一五五〇年、のちの松前《まつまえ》藩の祖である蠣崎《かきざき》氏が、一世紀におよぶアイヌとの戦いを終息させ、アイヌとのあいだで「夷狄《いてき》の商船往還《しょうはくおうかん》の法度《ほっと》」を制定します。これは、太平洋側と日本海側のアイヌそれぞれに統括者を定め、この統括者である首長に交易で生じた利益の一部を支払うことなどを定めるものでした。これによってアイヌと和人の交易は蠣崎氏の城下である松前に集約されることになり、道南の和人集団は蠣崎氏の配下に組みこまれ、アイヌの自由な交易活動は制約されることになりました。

覇権争いに勝ち残った蠣崎氏は、豊臣秀吉《とよとみひでよし》のもとに参陣し、一五九三年には北海道へ交易にやってきた船から税を取りたてる権利を認めさせます。さらに松前に改姓した蠣崎氏は、一六〇四年には徳川家康《とくがわいえやす》から松前藩を通さない一般の和人とアイヌの直接交易を禁じることを定めた黒印状《こくいんじょう》をあたえられ、アイヌ交易の独占権が確立されました（ただしアイヌの自由な往来は保障されていました）。本州のほかの藩のように領地のあてがい状を発給されなかった松前藩にとって、この黒印状こそが松前藩の成立を認めるものだったのです。

松前藩は、北海道を和人が居住する道南の和人地とアイヌが居住する蝦夷地に分け、その境界には番所をおいてアイヌや和人の往来をきびしく取り締まりました。また、蝦夷地の一定の地域（商場）でアイヌと交易する権利を、給与（知行）として家臣にあたえました。これは商《あきない》場《ば》知行制《ちぎょうせい》とよばれます。これらの政策によって、アイヌの交易は居住する商場に制限され、交易品の交換比率も和人によって一方的に定められることになりました。さらに商場には和人の漁民、タカ猟師、砂金掘りなどが多く入りこみ、アイヌの生業を圧迫していきました。

一六六九年に起こった、江戸時代最大のアイヌと和人の戦争であるシャクシャインの戦いは、そもそもは日高のアイヌ集団間の長年にわたる紛争が原因でしたが、そこには商場知行制の矛盾にたいするアイヌ社会の不満がかかわっていました。

この日高アイヌの対立が全島的な紛争に発展するのを恐れた松前藩は、調停をおこなったものの成功せず、反対に病死したアイヌが松前藩によって毒殺されたと伝えられたことにより、全島のアイヌが一斉に蜂起します。かれらは和人の商船やタカ飼いなどを襲撃し、全島で三〇〇人近い和人を殺害しました。当時、日高や石狩などのアイヌは三〇～四〇挺ほどの鉄砲を所持しており、松前の城下はパニックになります。

最終的に戦いに勝利した松前藩は、各地のアイヌから賠償品を徴収し、藩への忠誠などを誓う起請文を提出させるとともに、アイヌ社会に流通していた鉄砲など武器の没収をおこないました。

崩壊する社会

一八世紀になると、家臣が商場の運営を商人にまかせ、運上金《うんじょうきん》を徴収する「場所請負《ばしょうけおい》制《せい》」が成立します。商人はアイヌとの交易にとどまらず、運上金を負担しながら利益を確保するため出稼ぎの和人を雇い、アイヌを労働者として使役しながら、ニシンやサケの漁業経営にのりだします。アイヌは和人の番人の監視のもと過酷な労働に従事させられました。

当時、蝦夷地にやってきた和人の知識人は、場所請負人の非道を告発するとともに、一般の和人までもがアイヌを愚かな者とみなして侮蔑《ぶべつ》し、あざむき、略奪し、暴力をふるう、ときびしく指弾しています(『東遊記《とうゆうき》』など)。

さらに一九世紀になると、アイヌは漁場の周囲に集住させられ、伝統的な社会が崩壊するとともに、和人の進出によりさまざまな病気が蔓延《まんえん》し、アイヌ人口は激減しました。このことについては第五章「疫病」でのべます。

一八六八年に明治政府が成立し、翌年北海道開拓使が発足すると、北海道を内国化するためアイヌの戸籍作成を進めたほか、アイヌの言語や習俗を日本化する方針をとりました。開拓使はほかにも、アイヌの居住地や猟場を民間に払いさげ、資源確保の点からサケ漁とシカ猟を規制しましたが、飢餓が生じたことからアイヌの農民化に取りくむようになります。

また、一八七五年に日本とロシアが樺太《からふと》・千島交換条約を締結したことにともない、サハリンアイヌ八四一名が北海道へ移住させられ、また船を派遣して生活物資を運んでいた北千島アイヌについては、運搬の手間を省くため、九七名全員を北海道に近いシコタン島に移住させました。これらの政策によって、アイヌの生活基盤や伝統的な文化は大きく損なわれることになりました。

アイヌの人びとは、幕藩体制や近代の国民化のもとで、一般の日本人とは異なる不利益を被る苦難の道を歩んできました。私たちは、アイヌの人びととともに生きていくうえで、その事実についても知っておかなければなりません。

二〇〇七年に「先住民族の権利に関する国際連合宣言」が国連総会で採択されたことを受け、翌年国会で「アイヌ民族を先住民族とすることを求める決議」が可決されました。

そこには、「我が国が近代化する過程において、多数のアイヌの人々が、法的には等しく国民でありながらも差別され、貧窮を余儀なくされたという歴史的事実を、私たちは厳粛に受け止めなければならない。すべての先住民族が、名誉と尊厳を保持し、その文化と誇りを次世代に継承していくことは、国際社会の潮流であり、また、こうした国際的な価値観を共有することは、我が国が二一世紀の国際社会をリードしていくためにも不可欠である」とのべられています。

さらにこの「先住民族」について政府は、二〇〇八年六月の内閣官房長官談話や衆議院答弁において、アイヌが「日本列島北部周辺、とりわけ北海道に先住し、独自の言語、宗教や文化の独自性を有する先住民族」であるとの見解を示しています。

私たちは、わずか二頁のこの決議の背後にある歴史におもいをよせながら、その重さをあらためて考えてみる必要があるのではないでしょうか。

第一章　縄文——一万年の伝統を継ぐ

孤立するアイヌ語

本章では、アイヌ文化のなかに認められる縄文伝統の問題について考えてみたいとおもいます。

アイヌが受け継いでいた縄文伝統の代表はアイヌ語である、と私は考えています。

みなさんのなかには、アイヌ語を日本語の方言のようなものとおもっている方がいるかもしれません。しかしアイヌ語は、周辺地域に親戚関係にあるような言語が確認されておらず、日本語とアイヌ語も、構造的に深いレベルで異なる言語であるとされています。両者の同系関係はあるともないともいえない、つまり系統は不明だというのです。

アイヌ語は、語順が日本語と同じという特徴があります。たとえば、「天から役目なしに降ろされたものはひとつもない」と訳されるアイヌ語は、kanto or wa yaku sak no a-rankep shinep ka isam（天／そのところ／から／役目／をもっていない／よく～する／下がる・させる・もの／ひとつのもの／も／ない）、というものです。

しかし言語学者の中川裕《なかがわひろし》によれば、日本語が接尾辞優勢であるのにたいし、アイヌ語は接頭辞が優勢というちがいがあります。

この接尾辞とは、ほかの語の後について用いられる語で、たとえば「神さま」「子供たち」「春めく」「寒さ」などの「さま」「たち」「めく」「さ」のたぐいです。一方、接頭辞とは、ほかの語の前について用いられる語で、「お寺」「ま昼」「か細い」などの「お」「ま」「か」のたぐいです。

この接頭辞と接尾辞の優勢から周辺地域の言語をみてみると、日本語、朝鮮語、ツングース系の言語（北東アジアの先住民族の言語）など、北東アジアや東アジアの言語は接尾辞が優勢です。これにたいして接頭辞が優勢な言語は、アイヌ語以外には周辺地域ではシベリア中央部のケット語しかありません。日本語と語順が同じ言語は接尾辞が優勢にしかならないはずであるにもかかわらず、アイヌ語はそれにも反しているというのです（中川二〇一〇）。

このようなアイヌ語の孤立性は、アイヌ語が一万年以上も周辺集団との交流をもたなかった、孤立的な縄文社会の言語の系統であることに由来するのではないでしょうか。

縄文時代に話されていた列島各地の言語は、地方差が強くあったにせよ、同系の言語だったのではないかとおもわれます。その縄文語の伝統を受け継ぐアイヌ語が日本語と大きく異なるのは、弥生時代になって朝鮮半島から渡来した人びとの言語的な影響が、縄文語を大きく変えたからではないでしょうか。

ここでは、言語学的な方法ではなく、考古学的な知見からアイヌ語と縄文語の関係について考えてみたいとおもいます。

縄文語との関係

みなさんは東北地方に、アイヌ語で川を意味する「ナイ」「ペツ」のほか、多くのアイヌ語地名があるのをご存知でしょうか。

その分布の南限は、「ナイ」地名が宮城県以北、「ペツ」地名が青森・秋田・岩手の三県です。このことはアイヌ語地名研究者の山田《やまだ》秀三《ひでぞう》が長年にわたる研究で明らかにしました(山田一九八二)。

では、この事実はなにを意味しているのでしょうか。

まず明らかなのは、アイヌ語集団が東北地方にいたということです。ただし、東北地方は最終的に日本語集団が占めたのですから、アイヌ語地名は、日本語集団が東北地方に進出し、アイヌ語集団と入れかわるなかで残されてきたことを示しているのです。

現在の北海道の地名の多くはアイヌ語地名に由来しています。これは、明治時代に北海道へ入植した和人が、二万人程度のアイヌ人口を一気に上回るなかで残されてきたものです。それと同じ状況が、ある時代の東北地方でも生じていたと考えられるのです。

実は、その明治時代の北海道とよく似た状況が、四〜六世紀の東北地方で生じていました。序章でものべましたが、当時の東北地方の状況をおさらいしておきましょう。

古墳時代を迎えた本州の社会は、鉄の道具を大量に生産し、その流通を統制することで政治的な社会を形成していました。古墳時代の社会は金属器の流通統制機構とも評されます。

古墳時代の四世紀になると、北海道の続縄文文化の人びと（アイヌ）はこの鉄製品を手に入れるために、古墳社会の前線地帯だった仙台—新潟付近まで南下していました。そのため東北地方の遺跡からは、当時の北海道と同じ土器や墓がみつかります。当時の東北北部は、気候の寒冷化で稲作が困難になったためか、人口希薄地となっていました。そこにアイヌが南下してきたのです。

しかし五世紀後葉になると、古墳社会の人びとが東北北部へ北上していきます。それにつれて、アイヌの進出する地域は北へ押しあげられます。六世紀になるとアイヌは北海道へ撤退し、あるいは古墳社会の人びとに取りこまれるなどしてゆき、古墳社会の人びととの交易拠点である東北北部の太平洋沿岸へ、北海道から往来するようになってゆきます。

東北北部へ北上してきた古墳社会の人びとは、その後、王権の側からはエミシとよばれ、異民族視されるようになります。ただし、歴史学では、かれらが異民族としての実態をもつ人びとだったとは考えていません。

第六章「祭祀」でのべるように、七世紀後葉から九世紀にかけて、東北北部太平洋沿岸の古墳社会の人びとの末裔は北海道へ移住します。アイヌの宗教や儀礼で用いられるカムイ(神)・タマ(魂)・ノミ(祈《の》む)といった言葉は、古代日本語に由来したというのが定説ですが、このような宗教や儀礼の言葉や観念を伝えたのは、北海道へ移住してきた人びととおもわれます。つまりこのことは、東北北部に進出してきた古墳社会の人びとが、古代日本語を話し、古代日本の宗教をもつ人びとだったことを意味しているのです。

このようにみてくると、東北地方でアイヌ語集団と日本語集団が入れかわる状況は、四〜六世紀における古墳社会の人びととアイヌの入れかわりのとき以外にはありえなかったことになります。ですから、アイヌ語が四〜六世紀の時点で話されていたとすれば、それは縄文時代にまでさかのぼる言語である可能性がきわめて大きいと考えられるのです。

古代アイヌ語の変容

そこで問題になるのは、東北地方では、同じ川を意味する「ナイ」と「ペツ」の地名の分布・広がりが異なっていることです。「ナイ」の分布は宮城県以北、「ペツ」の分布は青森・秋田・岩手の三県であるとのべました。

この「ナイ」の分布域は、アイヌが四世紀代に南下していた地域であり、「ペツ」の分

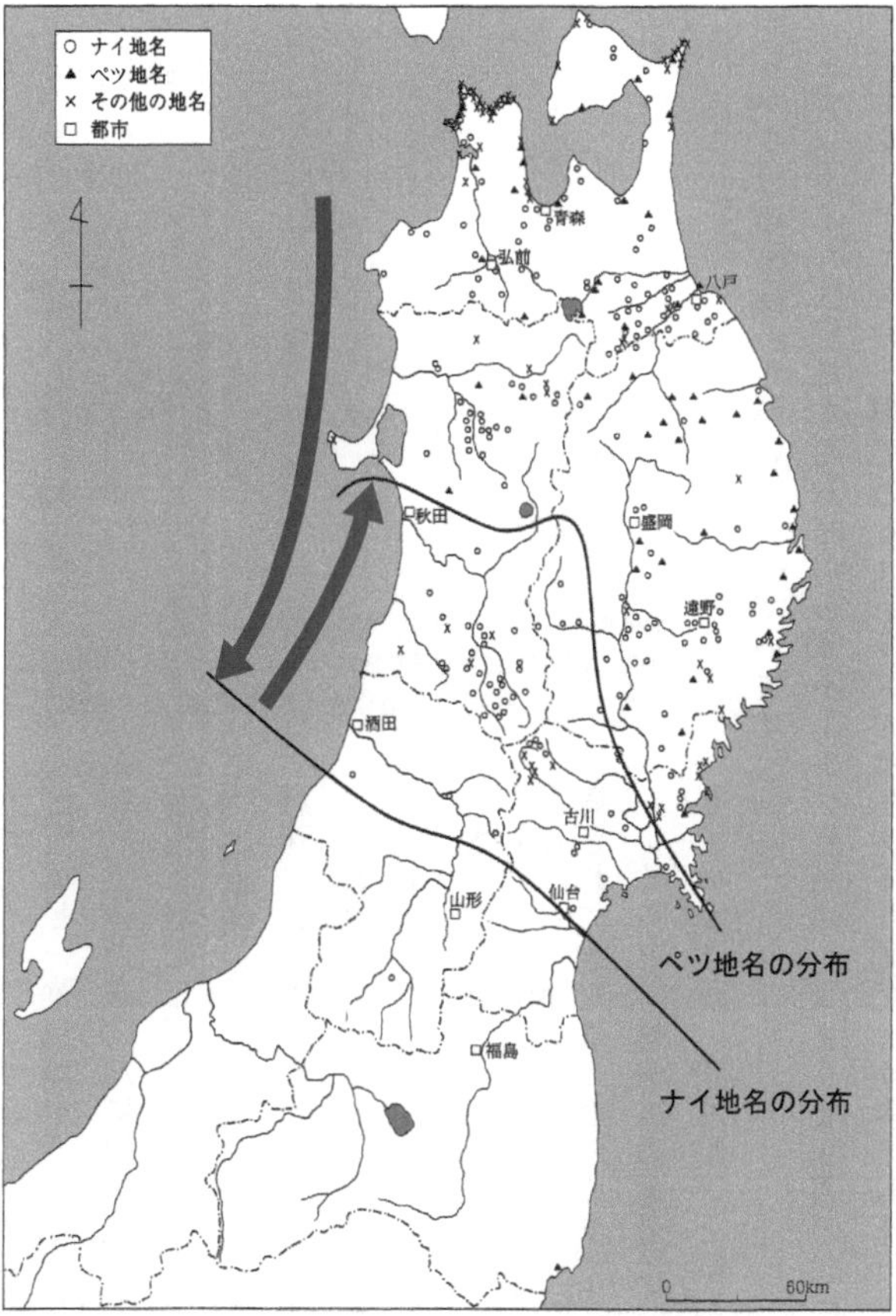

本州の「ナイ」「ペツ」地名の分布
松本建速2006『蝦夷の考古学』（同成社）を一部改変。

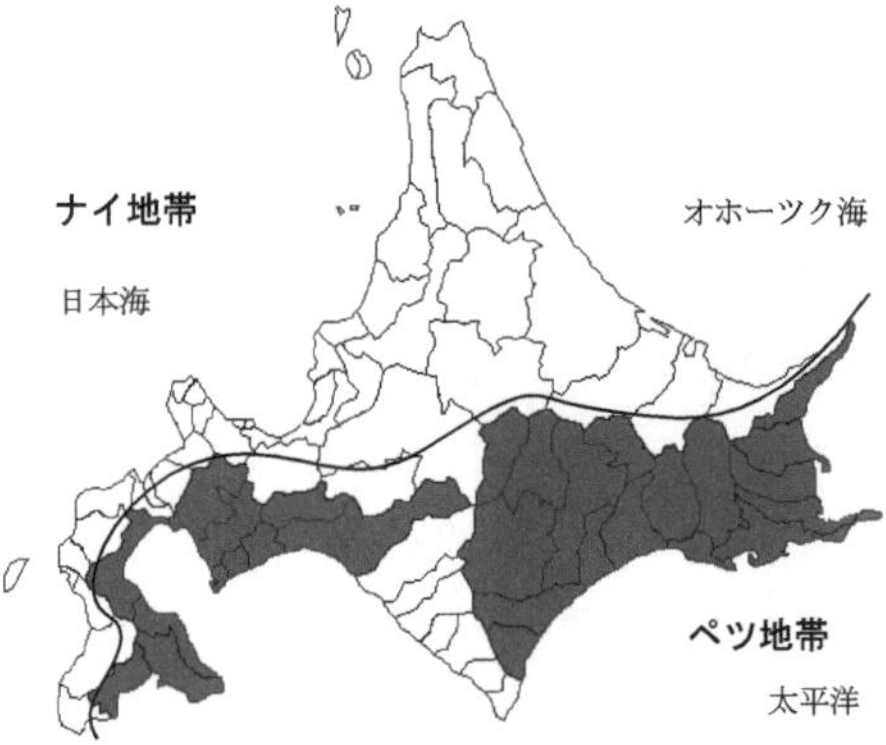

北海道の「ナイ」「ペッ」地名の分布
灰色の部分はペッの優勢地域（ナイ／ペッ比1.00以下）。山田秀三1982『山田秀三著作集』1（草風館）を一部改変。

布域は、アイヌが五～六世紀代に南下していた地域と一致します。このことは、四世紀から六世紀のあいだに川を意味するアイヌ語が変化したこと、つまり「ナイ」から「ペッ」への転換（「ナイ」→「ペッ」）があったことを意味するのではないでしょうか。

　これはけっして荒唐無稽《こうとうむけい》なおもいつきではありません。「ナイ」と「ペッ」の語が新古の関係、時代差をもつであろうことは、アイヌ語地名の碩学《せきがく》たちによって、はやくから指摘されてきたことなのです。

　「ナイ」と「ペッ」の地名は北海道では混在していますが、東北地方と同じように両者は明らかな分布密度のちがいをみせています。

　まず「ナイ」は、日本海沿岸からオホーツク海沿岸、つまり北海道の北半に多く分布しています。アイヌの北限であるサハリンでは「ナイ」地名しかみられません。

これにたいして、「ペツ」は太平洋沿岸から千島、つまり北海道南半に多く分布しています。アイヌの東限である北千島では「ペツ」地名しかみられません（山田一九八二）。「ナイ」と「ペツ」がこのような明確な分布のちがいをみせる事実について、知里真志保は、「ペツ」が古いアイヌ語、「ナイ」が新しいアイヌ語であるとし、「ナイ」は、古朝鮮語に由来する外来語がアイヌ語に入ってきたものではないか、と考えました（知里一九五二）。

また山田秀三は、「ペツ」地名が古くからあったところへ、新しく「ナイ」地名が北のサハリン方面から伝わってきて、北海道北部から東北地方へと南下しながら広まったのではないか、と解釈しています（山田同前）。

つまり知里も山田も、二つの地名に新古の関係を想定しているのです。ただし二人とも、私とは反対に「ペツ」→「ナイ」の順に変化したと考えています。もっとも、知里も山田も具体的な根拠を示しているわけではなく、地名の交代が生じた時代を推定しているわけでもありません。

山田が考えるような、「ペツ」地名を使っていたアイヌ集団が北海道・青森・秋田・岩手に住んでいたところへ、あとでサハリンから「ナイ」地名を使う別のアイヌ集団がやってきて、南の宮城まで広がったという状況は、考古学的には認められません。

エミシの問題を考古学から追究している松本建速《まつもとたけはや》も、東北地方の「ナイ」「ペツ」地名について、私と同じく「ナイ」→「ペツ」と考えられるとしています（松本二〇〇六）。

地名からみるアイヌ社会の成りたち

考古学の成果と整合する「ナイ」→「ペツ」の変遷過程は、次のようなものだったとおもわれます。

アイヌの南下が東北南部までおよんでいた四世紀代、東北地方のアイヌは川を意味する言葉として「ナイ」を使っていました。

五〜六世紀になると古墳社会が北上し、本州におけるアイヌの居住領域は青森・秋田北部・岩手へと縮小します。この過程で、川を意味する東北地方のアイヌ語は「ペツ」に変化します。その理由はわかりませんが、そのような変化が古墳社会の人びととの接触の過程で生じたということは、古代日本語方言からの影響も考えてみる必要がありそうです。

アイヌが東北北部へ撤退すると、東北南部には古い「ナイ」地名だけが残されました。その後も東北北部にとどまったアイヌは新しい「ペツ」地名を用いるようになりましたが、もともとあった「ナイ」地名もそのまま使われています。古墳社会の北上は続き、六世紀になるとアイヌは北海道へ撤退します。この入れかわりのなかで、東北北部には「ナイ」と「ペッ」地名が混在して残されました。

以上が、東北地方における「ナイ」「ペッ」地名の分布にかんする解釈です。次に北海道・サハリン・千島の「ナイ」「ペッ」地名の分布についてのべます。

四世紀以降、オホーツク人がサハリンから北海道へ南下してきたため、アイヌはこれに押され、その領域は次第に北海道の南半へ狭められていきます。

四世紀代まで北海道のアイヌは、川を古い地名の「ナイ」とよんでいましたが、五～六世紀代に東北へ南下していたアイヌが「ペッ」を使いはじめるようになると、道央から道南の太平洋側のアイヌも「ペッ」を使うようになりました。東北へ南下していたアイヌの主体がこの太平洋側のグループだったからです。

一方、道央から道南の日本海側のグループは、古い「ナイ」の語を使い続け、太平洋側のグループのように新しい「ペッ」の語を受け入れようとはしませんでした。

九世紀後葉になると、「ナイ」地名を用いていた日本海側のグループは、オホーツク人を排除・同化しながら全道へ進出していきます。かれらはまず道北の日本海沿岸、一〇世紀には道東のオホーツク海沿岸、一一世紀前後にはサハリンへ進出します。その結果、これら地域には「ナイ」地名が残されました。

一方、道東の太平洋沿岸は、一一世紀末以降にアイヌが進出した地域です。このうち釧

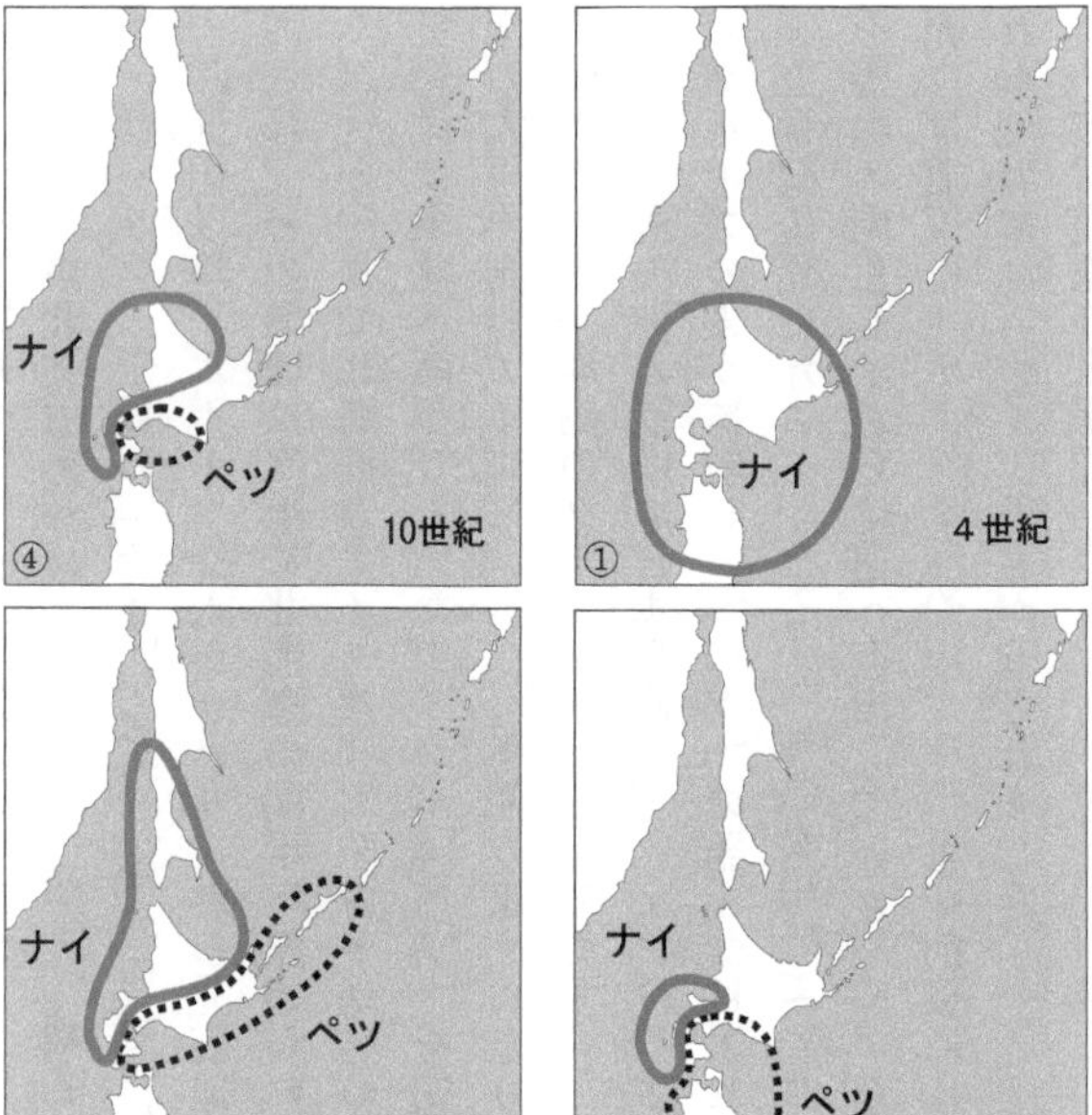

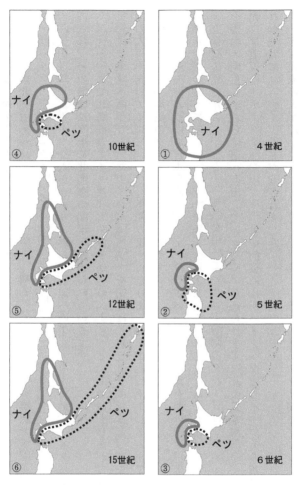

ナイ・ペッ呼称の変遷

路は、日本海沿岸のグループが飛び地的に進出した地域ですが、その後は「ペツ」を用いていた道央の太平洋沿岸のグループが道東の太平洋沿岸を広く覆います。さらにかれらは南千島を経て、一五世紀には北千島へ進出します。これら地域には「ペツ」地名が残されることになりました。

その後、各地アイヌの交流のなかで、日本海側やオホーツク海側にも「ナイ」にまじって「ペツ」の地名が、また太平洋側にも「ペツ」にまじって「ナイ」の地名がみられるようになりました。しかし、そのような交流から隔絶していたサハリンには新しい「ペツ」が入りこまず古い「ナイ」地名だけが残り、反対に北千島には古い「ナイ」が入りこまず新しい「ペツ」地名だけが残されることになったのです。

マタギ言葉のアイヌ語

古墳社会の人びととアイヌの交流の実態は、マタギの成立を考えるうえでもきわめて示唆的です。

マタギとは、東北地方の冷温帯落葉広葉樹林が広がる地域を中心に、夏のあいだ農業を営み、冬を中心に集団で狩猟をおこなってきた人びとです。おもな狩猟対象はカモシカ・シカ・ツキノワグマなどであり、山の神をあつく信仰していました。

五世紀後葉、古墳社会の人びとは岩手へ北上したといいました。奥州市角塚古墳《おうしゅうしつのづかこふん》は、かれらが残した最北の前方後円墳です。

その古墳社会の人びとの集落跡である奥州市の中半入《なかはんにゅう》遺跡では、農耕が営まれていましたが、皮なめし用の黒曜石《こくようせき》の石器が大量に出土し、皮革加工の工房跡とみられる遺構がみつかっています。この工房には通常の住居にはない炉があるので、獣皮の乾燥や皮なめし用の灰を用意するためのものだったと考えられています。

つまりこの皮革加工の工房の存在は、農民たちにまじって専業的な猟師や皮なめしの職人がいたことを物語っているのです。

奇妙なのは、古墳社会の人びとが石器製作の伝統をかなり以前に失っていたことです。その皮なめし用の石器は、当時北海道でさかんにつくられていたものと、まったく同じ特徴をもっています。ただし、石器の石材に用いられている黒曜石は北海道からもちこんだものではなく、中半入遺跡に近い黒曜石産地で調達されたものでした。

では、これらの事実はいったいなにを意味しているのでしょうか。

北海道では四世紀以降、本州から手に入れる鉄器が石器におきかわりました。ただし、皮なめし用の石器だけは大量につくられます。これは、本州の鉄器を入手するうえで、多くの毛皮類が求められていたからにちがいありません。たとえば『日本書紀』には、

――越国守《こしのくにのかみ》の阿倍比羅夫《あべのひらふ》が渡島《わたりしま》（北海道）へ遠征して粛慎《あしはせ》（オホーツク人）を討ち、戦利品として生きたヒグマ二頭とヒグマの毛皮七〇枚を天皇に奉った（六五八年）。

――ヒグマの毛皮七〇枚を高麗の使人をもてなすのに用いた（六五九年）。

――天皇が皇太子や王卿四八人にヒグマとカモシカの毛皮を下賜した（六八五年）。

などとあり、古代の日本では北海道のヒグマの毛皮を珍重していたことがわかります。

農耕集落である中半入遺跡で北海道のものと同じ石器がみつかるのは、東北北部に進出した古墳社会の人びとも、みずから毛皮生産をおこなうようになり、そのために、アイヌから皮なめしや独自の狩猟技術を導入したことを示しているのではないでしょうか。

たとえば、先の『日本書紀』六八五年記事で天皇が諸王卿に下賜したのは、北海道のヒグマの毛皮と、北海道には生息しないカモシカの毛皮でした。この二つがセットになっていたのは、東北北部の人びとが、アイヌから入手したヒグマの毛皮と、みずから狩猟・加工したカモシカの毛皮を、あわせて中央にもたらしていたからではないか、と考えてみたくなるところです。

そして、東北北部の古墳社会の農民のなかで、このような商業狩猟に季節的に従事するようになった人びとの末裔が、マタギだったのではないかとおもわれるのです。

マタギは、猟で山のなかにいるあいだ、マタギ言葉という特別な言葉を用いました。そしてこのマタギ言葉のなかには、セタ（イヌ）・ワッカ（水）・チクニ（木）・ハケ（頭）などアイヌ語の語彙《ごい》がみられます。そこで、マタギの祖先はアイヌだったのではないか、といわれてきました。しかしマタギは日本語集団であり、あくまでも山言葉のなかにだけアイヌ語の単語がみられるのです。

江戸時代、本州から北海道の漁場へ出稼ぎにきた和人は、同じ漁場で働くアイヌとの交流を通じて、ワッカ（水）・セタ（イヌ）・チプ（船）・キテ（銛）・タシロ（山刀）・マキリ（小刀）・トー（沼）・オタ（浜）など、多くのアイヌ語を用いていました。

そこで金田一京助は、マタギの山言葉にアイヌ語がみられるのは、陸と海のちがいはあるものの、これと同じような状況が東北地方で生じていたからではないか、と指摘しています（金田一一九六〇a）。

マタギがアイヌ語の語彙を使用していたのは、かれらの祖先である東北北部の古墳社会の商業的狩猟者が、アイヌから狩猟や皮革加工の技術を導入し、さらにはそれらの活動をアイヌとともにしていたからではないか、とおもわれるのです。

サハリン方言は古語か

マタギの山言葉のアイヌ語が、古墳時代当時のアイヌ語を取りいれたものだったとすれば、そのなかには古代アイヌ語としてのなんらかの特徴が認められてよいのではないでしょうか。

そこで興味深いのは、知里真志保が、マタギの山言葉にはアイヌ語のなかでもサハリン方言の「色彩が見出される」と、次のように指摘していることです。

マタギ言葉では、人間やクマの頭をハケ・ハッケ・ハッケイ・ハッキなどといい、手ぬぐいのことを、頭に巻くものという意味でハッケカラマキなどという。これは、北海道北部のアイヌ語で頭のことをいう「パケ」からきたものにちがいない。同じくマタギは日や月をトッピ・トッピイというが、これはサハリンのアイヌ語で日月を「トンピ」というのと同じ語であろう。津軽の山言葉では爺をホロケというが、サハリンアイヌの昔話で「ホロケ・ポ」というのは若い男のことで、「ポ」は小さいことをあらわす語である、というのです（知里一九五二）。

マタギ
秋田県北秋田市根子集落。戸川幸夫1962『マタギ』新潮社。

先にのべたように、サハリンには「ペツ」よりも古い「ナイ」地名のみが分布していました。したがってサハリン方言は、アイヌ語の古層をとどめていた可能性が考えられます。マタギ言葉のアイヌ語に、サハリン方言との共通性がうかがえるという知里の判断が正しいとすれば、そのことは、マタギ言葉のアイヌ語が古墳時代のアイヌ語に由来するという先の私の推定を、間接的に証明するものといえるのです。

サハリンアイヌは、サハリンでみつかっている擦文文化の土器の特徴から、一一世紀前後に道北の日本海沿岸からサハリン南部西岸へ渡海した集団がもとになって成立したことが明らかです（瀬川二〇〇八）。

かれらは近代になるまで冬のあいだは竪穴住居に住んでいましたが、この竪穴住居は、古代の擦文文化の竪穴住居とまったく同じ特徴をもっています。サハリンアイヌは一一世紀以前の文化伝統を色濃く残す人びとであり、したがってサハリン方言についても、きわめて古いアイヌ語の伝統をとどめていた可能性は十分に考えられるのです。

言語学では、各地のアイヌ語方言のなかでも、サハリン方言と北海道方言のあいだには顕著な「断層」がうかがえるといいます（服部ほか一九六〇）。この「断層」がどのようなものかというと、北海道方言とサハリン方言のあいだの共通語彙の残存率（これについてはあとでのべます）が七〇パーセント前後であり、それが北海道内の方言間の残存率より小さいことを指しています。

ただしこれは、琉球語における宮古《みやこ》方言と首里《しゅり》方言のあいだの共通語彙の残存率七二パーセントと同程度で、北海道方言とサハリン方言が、意思の疎通も困難なほど異なっていたというわけではありません（金田一一九六〇c）。

この「断層」の形成には、サハリンにおける他民族の影響もかかわっていたのかもしれません。しかし、サハリンアイヌと北海道アイヌの分離が古い時代にさかのぼり、そのためにサハリン方言が古代語の伝統をとどめていたという可能性についても、考慮してみる必要があるのではないでしょうか。

言語年代学からみたサハリン方言の成立

ところで言語学には、系統を同じくする言語が分岐した年代を推定する、言語年代学という方法があります。

これは、生活上もっとも基本的とおもわれる語彙（基礎語彙）を二〇〇ほど選び、それらが一〇〇〇年のあいだに平均一九パーセント失われるという仮定をもとに、共通する基礎語彙の残存率から分岐の年代を算定しようとするものです。米国の言語学者スワデシュが唱え、日本には東京大学の服部四郎《はっとりしろう》が紹介しました。

現在の言語学では、この方法にたいしては懐疑的な意見が圧倒的です。しかし考古学では、世界各地の農耕の開始時期についての考古学的年代と、この言語年代学による年代が相関性を示すことがあるため、言語年代学にたいする懐疑的な意見を承知したうえで、強く注目されている分野でもあるのです（ベルウッド二〇〇八）。

アイヌ語のサハリン方言と、北海道方言のあいだの基礎語彙の残存率についてはデータがあり（服部ほか一九六〇）、その分岐年代を計算することが可能です。

言語年代学で、二つの言語が分岐してからの時間 t を求める公式は次のようなものです。

$$t = \log c / 2 \log r$$ （tは千年単位）

c は基礎語彙の残存率です。サハリン諸地域の方言と北海道諸方言とのあいだの残存率で、もっとも低い数値は六九パーセントです。r は言語年代学定数、つまり言語の変化のスピードをつかさどる定数で、一般的には〇・六〜〇・七ですが、服部は諸条件を考慮して〇・八としています。

以上の数字をもとに計算し、服部らの調査がおこなわれた一九五五〜五七年のうち五五年を起点としたときの分岐年代は、一〇七五〜一四二八年（一一〜一五世紀）ということになります。

サハリンへの移住が本格化したのは、中国側史料の検討では一四世紀と考えられていますから、サハリンアイヌの分岐年代を一一～一四世紀と幅をもたせてみても、言語年代学の分岐年代とは整合的であるということができます。

もちろん言語年代学の方法それ自体や、服部がおこなった言語年代学定数の操作が正しいのかどうかはわかりません。しかし、考古学的な年代と言語年代学的な年代との一致は、きわめて興味深い結果といえるでしょう。

最近、服部らのアイヌ語諸方言のデータを言語年代学的にあらたに計算しなおし、その結果から考古学的な事象を解釈して、アイヌ語の成立をたどる論文があらわれました(Lee & Hasegawa 2013)。

それによれば、サハリン方言と北海道方言の分岐年代は、計算上は八世紀ごろになり、北海道方言はサハリン方言を母胎として分岐したものとされます。そして、この推定をもとに考古学的な事象を解釈し、もともとサハリン方言とはオホーツク人の言語だったのであり、オホーツク人が八世紀に北海道全域へ拡散し、アイヌと融合するなかで、アイヌ語北海道方言が成立した、とのべています。

たしかに、オホーツク人とアイヌの同化は考古学的にも推定されています。ただしそれは道東における局地的な状況にすぎず、オホーツク人がアイヌの言語を大きくかえたり、取りこんでしまったとは考えられません。そもそもオホーツク人が北海道全域へ拡散することもありませんでした。考古学からみれば成立しがたい議論といえるでしょう。

縄文伝統のクマ祭り

次にみてみたいアイヌの縄文伝統は、クマ祭りです。

アイヌは、春先の穴グマ猟で子グマを生け捕りにし、これを集落で一年から数年飼養したのち、秋や冬に殺す（神の国へ送りかえす）祭りをおこなっていました。これがイオマンテ（クマ祭り）とよばれるものです。遠くの親戚なども招待しておこなうアイヌ社会最大の祭りであり、アイヌ文化の中核をなすと評価されてきました。

以前、京都から博物館にいらしたご夫婦が、「子どものころ、小学校でクマ祭りを見学したことがある」とおっしゃっていました。昔は子グマを連れ、本州各地をクマ祭りの興行に歩くアイヌの人びとがいたようですが、いずれにせよ、アイヌの代表的な文化といえばクマ祭りなのです。

飼養したクマを神の国に送りかえす祭りは、世界中でもアムール川下流域・サハリン・北海道という、アイヌが占めた地域、あるいはアイヌが交易活動をしていた地域にしかみられない特異な習俗です。その起源については、オホーツク文化由来説、江戸時代成立説など諸説ありますが、いまだに定説はありません。しかし私は、クマ祭りが縄文時代のイノシシ祭りに由来すると考えています。

アイヌのクマ祭り
高木恒雄編1957『写真で見る日本』9　日本文化出版社。

北海道を代表する獣といえばクマです。しかし、縄文時代の動物を模した土製品をみると、不思議なことに北海道ではクマの土製品はほとんどみつかりません。目につくのはシカの土製品です。一方、津軽《つがる》海峡を隔てたおとなりの青森県ではイノシシが多く、サルも目につきます。イノシシとサルは北海道には生息していないので、両地域の動物型土製品のちがいは生態系のちがいを反映するものともいえそうですが、コトはそう単純ではありません。

　北海道では、縄文時代を通じて全道の遺跡でイノシシの骨が出土します。苫小牧《とまこまい》市柏原《かしわばら》5遺跡では四〇頭分以上の骨がみつかっています。このイノシシは、歯や骨の分析から北海道で一定期間飼養されていたこと、殺したイノシシの骨は火にかけるなどの祭儀に使われていたこと、またDNAの分析から東北北部産のイノシシであることが明らかになっています。

つまり北海道の縄文人は、幼獣のイノシシを津軽海峡を越えて東北北部から頻繁に入手し（成獣を生きたまま丸木舟で運ぶのは困難です）、一定期間養ったのち、これを殺して祭りをおこなっていたのです。

亜寒帯の北海道は大型の陸獣や海獣の資源に恵まれています。植物食料を多く摂取していた東北地方の縄文人とは異なり、北海道の縄文人は肉食主体だったことが明らかになっています。とすれば、ただ肉を食する目的で、わざわざ津軽海峡を越えてイノシシを手に入れ、一定期間エサをあたえて飼っていたとは考えにくいのです。

そうではなく、縄文時代の北海道には子イノシシを飼養してこれを殺す、イオマンテとまったく同じモティーフをもつ祭りが存在しており、この祭りを開催するために、わざわざ本州からイノシシを移入していたのではないでしょうか。

イノシシからクマへ

このアイデアを以前拙著（瀬川二〇一一）に書いたのですが、これと前後して刊行された考古学者の新津健《にいつたけし》の著書をみて、私はたいへん驚きました。

新津は、遺跡から出土するイノシシの骨の分析などから、本州の縄文時代では春の出産期に入手した子イノシシを初冬ごろまで飼育し、これを殺す祭りがおこなわれていた、そう指摘していたのです（新津二〇一一）。これはまさにアイヌのクマ祭りのモティーフそのものです。

北海道の縄文人は本州からイノシシを移入し、本州でおこなわれていたのと同じ祭りをおこなっていた、したがってイノシシ祭りとは、日本列島の縄文人が生態系の差異を越えて共有すべき、いわば縄文アイデンティティといえるものであったのです。

北海道と同じくイノシシが生息しない伊豆諸島でも、わざわざ本土から生きた子イノシシを手に入れて、同じ祭りをおこなっていました。縄文社会におけるイノシシ祭りは、私たちが想像する以上に大きな意味と普遍性をもつものだったようなのです。

しかし弥生時代（続縄文時代）になると、本州ではこのイノシシの祭りは絶えてしまったようです。北海道でも本州からのイノシシの移入は激減しますが、これと同時にクマを模した土製品や骨角器がみられるようになります。

動物型土製品からみると、縄文時代の北海道ではクマはそれほど重要な資源ではありませんでした。ただしこのことは、当時ヒグマにたいする信仰がなかったことを意味するのではありません。ヒグマの仲間が分布する北半球では、イオマンテのような特殊な祭りは例外として、ヒグマにたいする信仰は普遍的に認められます。縄文時代にもクマへの信仰はあったはずです。

ところが続縄文時代になると、にわかにクマがクローズアップされるのです。それはなぜでしょうか。

先に『日本書紀』の記事から、古代の本州中央では北海道のヒグマの毛皮が珍重されていたとのべました。北海道のヒグマの毛皮は、本州の王族たちの権威の象徴となっていたのです。本州のリーダーたちがヒグマの毛皮を権威の象徴とするこのような習俗は、北海道でクマを模した土製品や骨角器が出土するようになる、本州では弥生時代中期にさかのぼるのではないでしょうか。

毛皮は腐ってしまい、遺跡から出土することはめったにないので、この仮説を物的に立証することはむずかしそうです。しかし、この時期の北海道の遺跡からは九州以南の南島産の貝輪なども出土しているので、弥生時代中期の本州社会が北海道から南島にいたる広大な物流網を築きつつあったことは明らかです。

北海道のイノシシ祭りは、このようなヒグマ交易の盛行とかかわって主役がクマに交代し、アイヌのイオマンテへと展開してきたのではないか、と考えてみたいのです。

サハリンアイヌのミイラ習俗

次にみるのは、アイヌのミイラ習俗です。中世から近世のサハリンアイヌは、遺体をミイラにしていました。

このミイラ習俗は、サハリン以外のアイヌ、あるいは日本をふくめた周辺社会にも認められない、きわめて特異な習俗です。みなさんもこのアイヌのミイラ習俗を知って驚かれるのではないでしょうか。

その起源は古くから関心を集め、北海道からサハリンへ進出したアイヌが、ミイラ習俗をもつ現地の未知の集団と同化し、これを取りいれたのではないか、などと考えられてきました。ミイラ習俗は、とくにサハリンアイヌの成立の問題とかかわって注目されてきたのです（瀬川二〇〇八）。

では、このミイラ習俗はどのようなものだったのでしょうか。江戸時代の日本側の記録には次のようにみえます。

内臓を抜いた遺体を三〇日間ほど乾燥させる。奥地では三年も乾燥させる。そのあいだに親族があつまり、彫刻をほどこした豪華な家形の棺をつくる。棺は埋めず、地上に半分だしておく（近藤重蔵《こんどうじゅうぞう》『辺要分界図《へんようぶんかいず》考《こう》』）。

首長が死ぬとミイラにするが、女性や貧しいアイヌは土葬する。内臓を抜いたあと、一年をついやしてミイラにする。もし途中でミイラが腐ってしまうと、その作業にあたっていた女性は殺される。棺は彫刻と彩色をほどこし、精緻をきわめるため、製作には一年を要する。棺は埋めず、地上におく（間宮林蔵《まみやりんぞう》『北夷分界余話《ほくいぶんかいよわ》』）。

病死したアイヌをミイラにする。遺体は布で巻き、櫃《ひつ》（ふたがついた大型の木箱）に寝かせ、これを三年のあいだ家のなかに安置する。三年すぎると地中に埋め、土を盛って塚とする。塚のうえには墓標をたて、死者のもちものをおく。塚の盛り方は男女で異なる。妻は三年のあいだ、子どもは三〇～五〇日のあいだ喪に服す。三年すぎると妻は夫方の近い親戚に嫁ぐ（『蝦夷島記《えぞしまのき》』）。

さらに中国明代の史料『開原新志《かいげんしんし》』には、サハリンアイヌは親が死ぬと内臓を抜いて乾燥させ、ミイラにする。子はこれを背負って歩き、食事の際にはこれを祀り、三年経つと捨てる、とあります。

以上をみると、ミイラにする対象は首長・病死人・親など情報によってさまざまですが、すべての者がミイラにされるのではないこと、さらに三年のあいだそれを屋内など身近な場所に安置した点が共通しています。

ミイラの起源

実は、このようなミイラ習俗をおもわせる葬法が、縄文時代の北海道でも知られています。それは墓穴のうえに屋根をかけ、そのなかに遺体を安置し、腐食するまで墓を埋めない葬法、つまり「もがり」の習俗です。縄文時代から続縄文時代にかけて広く認められるものです。

縄文時代の「もがり」やミイラ習俗の存在を示す資料には、ほかにも千歳市ママチ遺跡で出土した縄文時代晩期の土面《どめん》があります。

この土面は、上唇の左右と下唇の中央に計三つの孔があり、これは死体の保存に際して口が開かないよう紐で綴《と》じつけた孔を写したものではないか、と考えられています（西脇二〇一二）。遺体は時間が経つと頬の筋肉がゆるむため、唇をあわせて固定しておかないと顎が下がって口が開いてしまうのです。これは「もがり」というより、遺体の保存を強く意識したミイラ習俗に近いものといえるでしょう。

このような「もがり」やミイラ習俗は、縄文時代の本州でもおこなわれていた可能性があります。

関東地方の縄文時代中期にみられる廃屋墓《はいおくぼ》（竪穴住居の廃屋を墓とするもの）では、廃屋内の床面で複数の遺体がみつかる場合、不慮の事故などで同時に死亡したとみなされてきましたが、近年は順次追葬されていったと考えられるようになってきました。また、千葉市

縄文時代の共同の「もがり」墓
小樽市地鎮山環状列石墓。縄文時代後期。

北貝塚《きたかいづか》第Ⅱ住居址群二九号住居の廃屋墓では、みつかった四遺体のうち一体が大きく口を開き、後方にのけぞっていることから、もがき苦しんで亡くなった人物と解釈されていますが、これも「もがり」が長期におよんで遺体が腐食し、そのため座位の姿勢が崩れて後方にのけぞり、下顎が下がって口が大きく開いたものと考えられそうです。

擦文時代になると、なぜか墓穴自体がみつからず、当時の葬法が明らかではありませんが、根室市穂香《ほにおい》遺跡では、墓穴を掘らず、竪穴住居の床に遺体を安置したとみられる例が確認されています。また長沼町《ながぬま》幌内《ほろない》D遺跡では、埋め戻しがおこなわれていない墓がみつかっています。擦文時代には墓穴を掘らない、あるいは墓を埋め戻さない「もがり」や風葬《ふうそう》がおこなわれていた可能性がありそうです。

中世のアイヌ文化期でも「もがり」の習俗は認められます。一四世紀代の伊達《だて》市有珠《うす》オヤコツ遺跡と余市《よいち》町大川《おおかわ》遺跡では、次のような葬法が明らかになっています。まず地面の上あるいは墓穴の底に石を方形に敷きつめ、木枠で囲いをし、そのうえに屋根をかけます。そこへ遺体を次々に安置しておき、しばらく経ったあとで火葬する、というものです（関根二〇一二）。

大きな方形の墓穴の底に石を敷きつめ、屋根をかけ、複数の遺体を安置することのような葬法は、縄文時代後期の小樽《おたる》市地鎮山《じちんやま》環状列石、函館《はこだて》市八木《やぎ》B遺跡、同日吉《ひよし》町A遺跡、八《や》雲《くも》町浜松《はままつ》2遺跡などでも確認されています。「もがり」の習俗は、縄文時代からの伝統であり、北海道では少なくとも一四世紀ごろまではおこなわれていたのかもしれません。

サハリンアイヌのミイラは、北海道や本州で縄文時代からおこなわれてきたこの「もがり」やミイラ習俗の伝統を受け継ぐものだったといえるのではないでしょうか。

サハリンアイヌのミイラ習俗のキーワードは「孤立性」ですが、それが縄文文化のキーワードであり、縄文語の系統であるアイヌ語のキーワードでもあることを、おもいだしていただきたいとおもいます。

イレズミはいつから

最後に、アイヌのイレズミ習俗についてみてみましょう。

アイヌ女性は、口のまわりや腕、手の甲にイレズミをほどこしていました（児玉ほか一九三九)。聞きとりによってさまざまですが、八歳ごろから一五歳ごろに最初のイレズミが口のまわりに施され、その後、腕や手におこなわれて二〇歳前には完成したといいます。野蛮で非衛生的な習俗であるとして幕府が禁止令を出したほか、明治時代には開拓使も禁止しました。

アイヌ女性のイレズミは成熟した女性の象徴であり、美的要素であったとされますが、男性がこれをおこなっていた記録もわずかながらあります。右手あるいは左手の親指と人差し指のあいだに長い三角形の文様をイレズミするもので、弓をうまく射る呪術的な意味をもつものだったということです。

アイヌ自身はこのイレズミ習俗の起源について、第三章「伝説」でのべるように、コロポックルという小人のものをまねたと考えていました。では、アイヌのイレズミ習俗は、はたして外来の文化だったのでしょうか。

縄文時代の土偶の顔をよくみると、線や点であらわした装飾があることに気がつきます。これは縄文人のイレズミではないか、と明治時代から活発な議論がおこなわれてきましたが、決定的な証拠はありませんでした。

そこで考古学者の設楽博己《したらひろみ》は、『日本書紀』の記事からイレズミ習俗の存在が明らかになっている古墳時代に注目しました。そして、イレズミを表現したとされる古墳時代の埴《はに》輪《わ》の顔の装飾を分析し、そこから弥生時代の土器に描かれた人物の顔の装飾、さらに縄文時代の土偶の顔の装飾へと、時間を逆にたどっていったのです。

その結果、各時代の顔の装飾表現は連続しながら変化しており、最終的に埴輪の顔に描かれたイレズミ表現にたどりつくことが明らかになりました。つまり、縄文時代にイレズミのおこなわれていたことが考古学的に立証されたのです。

設楽によれば、縄文時代には男女ともイレズミをしていました。しかし弥生時代には、魔除《まよ》けとして男だけがするものになります。さらに古墳時代には、猟師など非農民や被支配層の男だけがするものへと変化しました（設楽二〇〇八）。

北海道でも、縄文時代には男女ともイレズミをおこなっていたとみられます。しかしその後、基本的には女だけがするものへと変化しながら、近世まで受け継がれてきたようです。では、なぜ北海道では女だけがするものへと変化したのでしょうか。

本州ではイレズミが、古墳時代には非常民や被支配層が施すものになったのですから、常民のなかの支配層はイレズミをほどこさず、これをネガティヴなもの、野蛮なものと認識していたことがわかります。幕府や明治政府のイレズミにたいする認識は、まさにこうした発想の延長上にあるものです。

このようなイレズミをほどこさない上位の農耕民と、それをほどこす下位の漁民や猟師への分離は、弥生時代にまでさかのぼる可能性があります。おそらくイレズミは、狩猟・漁撈民である縄文人的な習俗として排除されていったのでしょう。そして、イレズミ習俗が男性を中心とする社会的な差別の論理に組みこまれたことによって、女性はこの習俗から除外されていくことになったのではないでしょうか。

一方、北海道ではこのような構造的な階層社会への転換はなく、全員が猟師であり漁民だったのですから、女性の場合、成長の節目におこなわれる通過儀礼として、また男性の場合、魔除けとして、縄文時代以降もイレズミがおこなわれていたのでしょう。

しかし、イレズミをネガティヴなものと認識する本州の人びとと古墳時代から交易をおこなってきたアイヌ男性は、次第にこれを避けるようになったのではないでしょうか。近世になって多くの和人が北海道へ入りこむようになると、さらにアイヌ女性のイレズミもこの差別にさらされていくことになったのです。

縄文イデオロギーを継ぐ人びと

本章では、アイヌの縄文伝統についてのべてきました。

アイヌ文化のなかに、一万年におよぶ縄文文化の伝統がうかがえる事実は驚くべきことです。現代の民族集団のなかで、そこまで長期の連続性がたどられる例は、世界的にみてもほとんどありません。アイヌは縄文の思想・縄文イデオロギーを継ぐ人びとだったといえます。

アイヌ語は、日本語とは明らかに異なる言語です。アイヌ語における日本語からの借用語も、日本語における漢語の占める割合や、英語におけるフランス語起源の語の占める割合にくらべて格段に少なく、アイヌ語と日本語のあいだの影響関係はかなり希薄ではないかといわれています。この事実は、みずからの言語伝統にたいするアイヌの姿勢を示すものではないでしょうか。

小帝国として強い磁場をもった日本の周縁に、縄文文化の伝統を残す独自の文化が保たれてきたことは、一種の奇跡であるとおもわれるのです。

第二章　交易――沈黙交易とエスニシティ

武者姿のアイヌ

日本海をのぞむ留萌《るもい》市海のふるさと館には、同市エンドマッカで出土した平安時代の鎧《よろい》兜《かぶと》の復元品が展示されています。

くわしい方がごらんになると、星兜《ほしかぶと》と胴丸鎧《どうまるよろい》の組みあわせがアンバランスだと気づくはずですが、これは出土した鎧兜にもとづいています。いずれにせよ、これほど古い時代の鎧兜は本州でもそうそうみつかるものではありません。

ところで、次頁の写真をみると、この鎧兜を着用していた人物は北海道へ渡った和人だとおもわれるのではないでしょうか。

しかし平安時代から室町時代の古式の兜は、この留萌市以外にも、道央の札幌市・占冠《しむかっぷ》村、道北の深川《ふかがわ》市・富良野市、胆振《いぶり》日高の厚真《あつま》町・新ひだか町、道東の大樹《たいき》町・陸別町など道内各地で出土しています。和人が面的に入りこんでいたのは、明治時代になるまで基本的に渡島半島の南端に限られますから、その多くはアイヌの所蔵品だったのだとおもわれます。

実際、平取《びらとり》町でみつかった中世のアイヌ墓では、大量の刀とともに兜の前立《まえだて》が出土しています。さらに、アイヌの伝説には宝物の鎧兜を着用した首長が登場します。アイヌ社会には相当数の日本の鎧兜が流通していた、と考えてまちがいありません。

アイヌは、この鎧兜にとどまらず、日本の庶民などとうてい手にすることができない途方もない宝を多くもっていました。たとえば、平取町のアイヌが宝として伝えてきた「白《しろ》長覆輪太刀《ながふくりんたち》」（東北歴史博物館蔵）は、鎌倉時代の優品として現在、国の重要文化財になっています。この事実はかれらの巨大な経済力を物語っています。

アイヌ社会へ流通していた鎧兜は、日本製だけではありませんでした。留萌市やその隣の増毛《ましけ》町では、中国製の兜が出土した記録があります。一九一三年に留萌市内の崖から発見された兜は、中国製の青竜刀《せいりゅうとう》とともに厚い木箱に収められていました。この中国製の兜は、大陸からサハリン経由で北海道へもたらされ、日本海沿岸の首長の宝となっていたようです。

留萌市出土の鎧兜（復元）
留萌市教育委員会提供。

みなさんは、このような鎧兜を身につけ、戦いにのぞむアイヌの姿を想像したことがあったでしょうか。ある首長は日本の鎧兜を身につけ、またある首長は中国の鎧兜を身につけている、奇妙な情景をイメージしたことがあったでしょうか。

アイヌの歴史は、このような宝としての異文化の産物の獲得に深くかかわっていました。本章では、オホーツク人とアイヌの交易を「沈黙交易」の視点から、また和人とアイヌの交易を「エスニシティ」の視点から、それぞれ考えてみたいとおもいます。

千島アイヌの奇妙な習俗

近世の千島アイヌは、北海道本島のアイヌと直接接触することなく物々交換をおこなっていました。

それがどのようなものかというと、道東アイヌはコメ・塩・酒・タバコ・綿布など日本の産物を積んで千島へ交易にやってくる。その船はいったん沖合にとどまる。すると千島アイヌは交換品の獣皮をもって山の上に避難する。道東アイヌは船を岸によせ、交換品を浜辺にならべて沖合に去る。それをみた千島アイヌは山を下り、ほしいとおもうものをとって、かわりに獣皮をおいて去る。それを確認した道東アイヌがふたたびやってきて獣皮を回収するが、もし千島アイヌの獣皮が交換レート以上の量であれば、余剰の獣皮か、それにみあった交換品をおいていく、というのです。この間、両者が言葉をかわすことはありませんでした（『蝦夷志《えぞし》』）。

このような千島アイヌの沈黙交易については、ほかにも『蝦夷見聞誌《えぞけんもんし》』と『譚海《たんかい》』に記録があり、それぞれ異なる伝聞にもとづくものとみられます。『蝦夷見聞誌』は次のように記しています。

南千島のエトロフ島では、海辺に交易用の小屋がいくつか設けられている。エトロフアイヌは、道東アイヌの交易の船をみるとその場を立ち退き、近くの山に入って二日ほど姿をあらわさない。それを確認した道東アイヌは、船を岸につけ、前年に日本人との交易で手に入れたコメ・塩・酒・タバコや、北海道本島のアイヌがつくったアツシ（樹皮衣）を小屋に運びこむ。かれらはその場を離れて二、三日あるいは六、七日もどらない。次にエトロフアイヌがやってきて、小屋のなかにおかれた品物と自分たちの獣皮を交換する。それから三、四日経つと道東アイヌがやってきて、獣皮を回収して船にもどる。獣皮が過分であればおいていくか、それにみあった交易品をおいていく。道東アイヌが交易にやってくるのは毎年四〜五月のことである。この交易の方法はロシアの風習ともいわれるが明らかではない、といいます。

次に『譚海』の記事です。

アイヌは刃物をつくる技術を知らない。タバコも産出しない。そこで、これらは日本との交易で手に入れている。交易がおこなわれている地方より奥地へ日本人がいくことはで

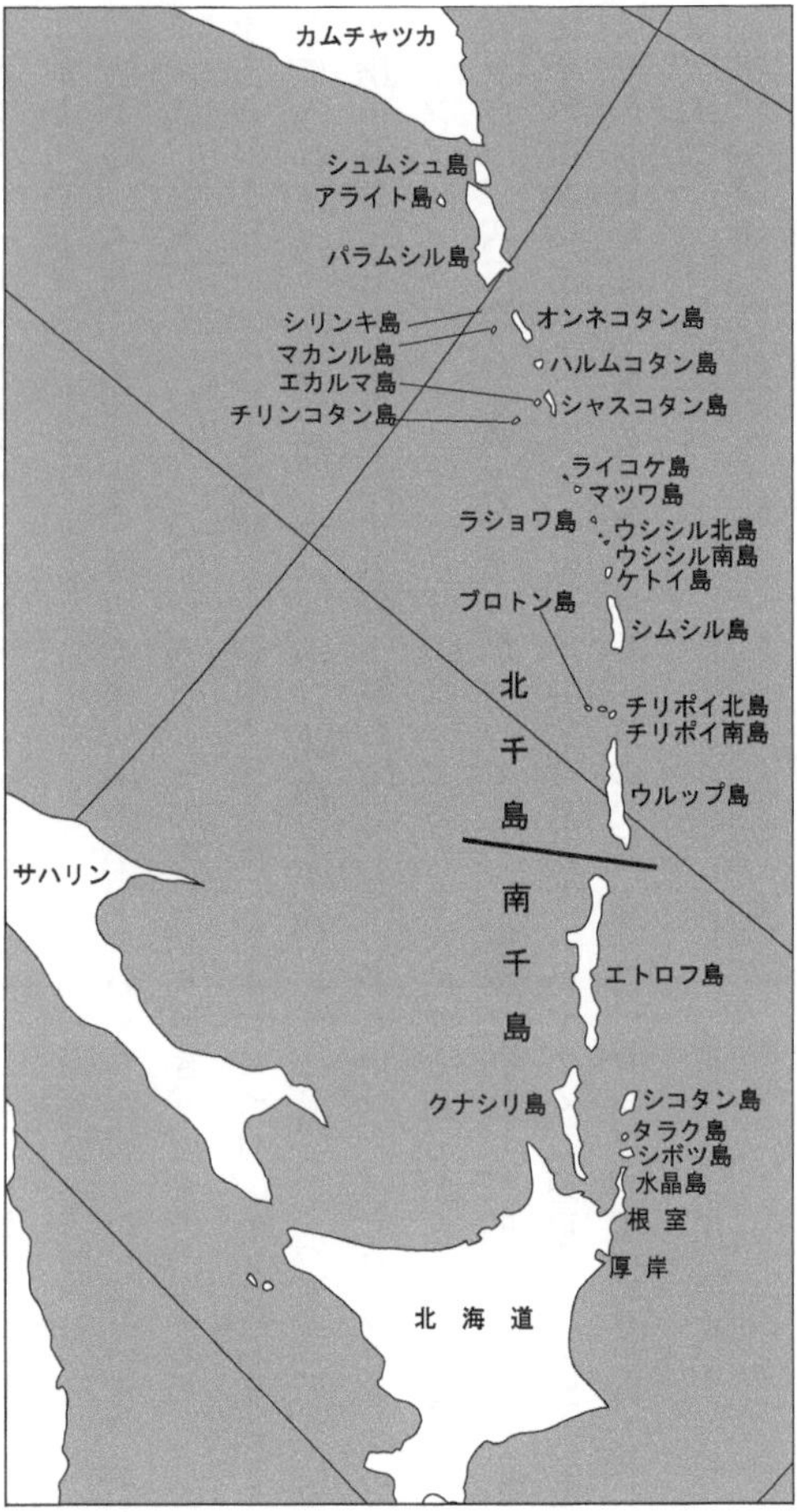
カムチャツカ
シュムシュ島
アライト島
パラムシル島
シリンキ島
マカンル島
エカルマ島
チリンコタン島
オンネコタン島
ハルムコタン島
シャスコタン島
ライコケ島
マツワ島
ラショワ島
ウシシル北島
ウシシル南島
ケトイ島
ブロトン島
シムシル島
北千島
チリポイ北島
チリポイ南島
ウルップ島
サハリン
南千島
エトロフ島
クナシリ島
シコタン島
タラク島
シボツ島
水晶島
根 室
厚 岸
北 海 道

千島列島

きないので、交易品をそこにならべておくと、アイヌがやってきて交換していく。むかしは斧《おの》・まさかり・包丁・小刀など品質の悪いものを持参して交易していた。しかし次第にアイヌも知恵がつき、石に刃物を打ちあてて刃こぼれや曲がりがないか試し、よいものだけを選んで交換していく、といいます。

千島列島は、北海道本島とカムチャツカ半島のあいだに弧状に連なる島々です。そこに暮らすアイヌは、北海道本島のアイヌと言語・文化の点で大きく変わるところのない人びとでした。それもそのはずで、北海道から千島にアイヌが進出し、千島アイヌが成立したのは、序章でのべたとおり一五世紀と比較的新しい時代だったのです。

沈黙交易とは

沈黙交易は、千島アイヌだけにみられる独自の習俗だったわけではありません。この習俗にかんするもっとも古い記録は、古代ギリシャの歴史家ヘロドトスの『歴史』にみえます。

それによれば、アフリカ北海岸のカルタゴ（現在のチュニジア）人がリビア人と交易をおこなう際、カルタゴ人は積荷の商品を波打ちぎわにならべ、船に帰ってのろしをあげる。煙をみたリビア人は海岸にやってきて、商品の代金として黄金をおき、その場から遠く離れる。するとカルタゴ人は下船し、黄金が商品にみあう額であればそれをとって立ち去り、つりあわないときはふたたび乗船して待機する。リビア人がやってきて黄金を追加し、カルタゴ人が納得するまでそれを繰り返す。双方とも不正なことはけっしてしない、というのです。

さらに、沈黙交易の記録を博捜したグリァスンは、スカンジナビア半島・シベリア・アフガニスタン・エチオピア・エジプト・ニジェール・ギニア・コンゴ・セイロン島・インド洋諸島・インドネシア・グアテマラ・ニカラグア・ペルー・北米ニューメキシコ州・北米アラスカ州・カナダニューファンドランド島など、世界中でこのような交易がおこなわれていたことを明らかにしています(グリァスン一九九七)。

沈黙交易は、言葉の通じない集団同士が交易する際の、やむをえない方法と考えられがちです。しかし実際には言葉の通じる集団間でもおこなわれていました。そこで経済人類学者の栗本慎一郎《くりもとしんいちろう》は、沈黙交易は「沈黙」というより、接触をきらうことに本質をもつ「接触忌避交易」であるとしています(栗本一九七九)。

この接触の忌避は象徴化されている場合も多く、その例として、交易するたがいのあいだの砂上に一本の線を引き、品物をならべ、相手の品物に満足するとはじめてこの線を踏みこえる、アフリカ赤道ギニアのフェルナンド・ポー島(現・ビオコ島)の事例をあげています。

では、沈黙交易において接触を忌避しなければならない相手とは、いったいどのような人びとだったのでしょうか。

栗本はそれを自己の属する集団の外部の人びと、すなわち異人としました。さらに民俗学者の赤坂憲雄《あかさかのりお》は、北インドでは疫病が流行《はや》ると集落の周囲にひとつの円を描き、この円（境界）には疫病神を防ぐ魔的な力が内在していたという例をひきながら、共同体の外部はケガレ・病気・厄災を共同体の内部にもたらす世界と思念されており、異人はそのような悪魔・病気・死といったカオスを帯びた存在である、としています（赤坂一九九二）。

病をおそれる人びと

では、なぜ千島アイヌは北海道本島のアイヌと接触せず交易をおこなわなければならなかったのでしょうか。

松宮観山《まつみやかんざん》『蝦夷談筆記《えぞだんひつき》』には、次のような興味深い記事があります。

道東の釧路や厚岸《あつけし》のアイヌは、北千島のラッコ島（ウルップ島）に渡ってラッコの毛皮をもちかえり、道南の松前の和人のところへ商売にくる。ただし、アイヌのなかでもきわめて「達者」（健康）な者でなければ島へいくことができない。なぜかといえば、ラッコ島のアイヌを「気遣」ってのことなのである。道東アイヌは（そのような気遣いをしながら）ラッコ島に出入りを三年重ね、ようやく交易ができた。ラッコ島のアイヌが北海道本島へくることはない、というのです。

これは奇妙な話です。道東のアイヌは、なぜ健康な者を選抜してウルップ島へ交易にいかなければならなかったのでしょうか。なぜそのことがウルップ島のアイヌにたいする気遣い・配慮になるのでしょうか。

第五章「疫病」でのべるように、疱瘡《ほうそう》は江戸時代以前からアイヌ社会で流行を繰り返し、多くの死者をだしていました。それは「諸病の王」とよばれ、大きな恐怖となっていました。文化の面では基本的に本島アイヌと異なるところのなかった千島アイヌも、無数の船に乗り、あるいは鳥に姿を変えて空を真っ黒に染め、海上を自分たちめがけて来襲してくる疱瘡神の観念を共有していたにちがいありません。本島アイヌと同様、疱瘡神を避ける呪術を海に向かっておこなっていたのでしょう。

周囲を海で囲まれ、逃げ場のない環境に暮らす島嶼《とうしよ》世界の千島アイヌにとって、海から来襲する疱瘡神への不安やおそれは、本島アイヌ以上に強かったとおもわれます。疱瘡治癒を祈願する石碑は本州各地に残されていますが、南西諸島に「疱瘡平癒」の石碑が多数残る事実も、逃げ場のない島嶼世界の不安を物語るものといえます。

道東アイヌがウルップ島のアイヌを気遣い、健康な者を選んで交易にでかけた理由も、このような疫病の問題がかかわっていたのではないでしょうか。

もし道東アイヌが病気をもちこめば、出入り三年にしてようやく交易できたというウルップ島のアイヌから、かれらは来島を拒否されることになったのでしょう。ウルップ島アイヌが本島へ交易にくることはなかったというのですから、もし来島を拒否されれば、道東アイヌは重要な商品であったラッコ毛皮などを入手する道を絶たれます。だからこそ道東アイヌは、ウルップ島へ交易にいくにあたってその地のアイヌを気遣い、病気にかかっていない健康な者だけを選抜していたのではないでしょうか。

第四章「呪術」でくわしくのべますが、千島アイヌは外の世界からやってくる者にたいして、それがたとえ島外にでかけて帰ってくる身内であっても、ケガレ祓いの行進呪術を執拗におこなっていました。行進呪術を人間にたいしておこなっていたのは、アイヌのなかでも千島アイヌだけです。外の世界にふれた者にたいする病的ともいえる臆病さは、疱瘡に代表される疫病の流行と、島嶼世界という環境が大きくかかわっていたのではないか、とおもわれるのです。

商品交換へのプロテスト

千島アイヌが沈黙交易をおこなっていた理由とかかわって、もうひとつ注意されるのは、千島アイヌが本島のアイヌと交易をおこなっていた事実それ自体です。このようなアイヌ同士の交易は一般的なものだったのでしょうか。

ユーカラや伝説などをみると、北海道のアイヌはどれほど僻遠《へきえん》の地であれ、交易をしたい者がみずから道南の松前へおもむいていたようです。千島アイヌと道東アイヌのように、和人から入手した産物をアイヌ同士が交易していた例はほかにみつかりません。

千島はさすがに遠いので、そのようなこともあったのだろうと考えてみたくなりますが、宗谷海峡で隔てられたサハリンのアイヌも直接松前まで交易にやってきていたようです。その様子は次のようなものです。

明治時代、白瀬矗《しらせのぶ》の南極探検隊に同行して有名になったサハリンアイヌの山辺安之助《やまのべやすのすけ》が古老から聞いた話である。むかしサハリンの知床《しれとこ》・内友《ないとも》・胡蝶《こちょう》・白主《しらぬし》（サハリンの地名）の首長たちは、蝦夷錦《えぞにしき》・クマの毛皮・クマの胆《い》などの交易品を持参して北海道へ渡り、道南の松前で交換をおこなった。

首長たちは、交易品を巨大な丸木舟に搭載し、サハリンの能登呂《のとろ》の岬から海峡を越え、まず北海道の宗谷へ渡った。そこで天候をみながら南下して道北日本海側の苫前《とままえ》へ向かい、苫前で天候をみながらさらに留萌へ移動する、といったふうに、よい碇泊場をみつけては立ち寄りながら、北海道南端の松前へ向かったものだ。松前では、自分たちが持参したものを日本の刀剣・行器《ほかい》・衣類などと交換して帰った。昔の首長たちは実に遠い旅行を好んだものである、というのです（青山編一九一八）。

そうすると、アイヌ社会において同族間で交易をおこなっていたのは千島アイヌだけで、きわめて特異なケースだったことになります。千島アイヌが相手と面会せず交易しようとしたのは、ひょっとすると同族間での商品交換にたいする忌避の意識もかかわっていたのかもしれません。アイヌは和人との交易ですら、贈与の形式でこれをおこなっていたのです。

このことと関連して興味深いのは、次のような例です。

エチオピアの定期市では、土器の製作者と客が、金額についての質問以外ほとんど無言のまま土器の売買をおこなう。土器製作者は言葉をほとんどかわさないだけでなく、客との接触を避けるように背中を向ける。さらに客の問いかけに応じず、無言のまま売買を拒否することもある、とされます（金子守恵二〇一三）。

ここには土器製作者の「商売」にたいする忌避、客とのあいだで土器というモノを「商品」に転換してしまうことへの忌避が読みとれないでしょうか。千島アイヌの沈黙交易に共通する、ある種の「空気」が感じられるようにおもわれるのです。

千島アイヌの沈黙交易の背景に、同族間での商品交換の忌避の問題を考えてみる必要があるのかもしれません。

「野人」との沈黙交易

沈黙交易をおこなっていたのは、近世の千島アイヌだけではありません。中世のサハリンアイヌもこれをおこなっていたことが記録されています。

元《げん》代中期の一四世紀前半に編纂《へんさん》された中国の地誌、熊夢祥《ゆうぼうしょう》の『析津志《せきしんし》』には、骨嵬《クイ》（アイヌ）と野人《やじん》（ツングース系先住民）がサハリンでおこなっていた、オコジョ（イタチの仲間）の毛皮交易のようすが記されています。ツングース系先住民とは、アムール川流域や満州など北東アジア地域に暮らす民族を指します。

ツングース系先住民は、高級品であったオコジョの毛皮をアイヌから手に入れた。かれらは、サハリンの人目につかない山や藪のなかに小屋を設け、そこに中国の産物を持参してアイヌとオコジョの毛皮を交換していた。ただしツングース系先住民とアイヌはたがいに相手にあうことがなく、それが風習になっていた、というのです。

アイヌとツングース系先住民がこのような沈黙交易をおこなっていた理由については、

次のように考えられています。

序章でのべたように、アイヌは一一世紀前後、北海道からサハリンへ進出します。その目的は生きたワシ・タカやその尾羽などサハリンの特産品の入手にありました。この進出はサハリンの先住民とのあいだで争いを生じます。さらに一三世紀後半になると、サハリンの先住民の背後にいた中国の元がこの対立に介入したため、アイヌと元のあいだで一四世紀初頭まで四〇年以上にわたって紛争が続きました。

この紛争によってアイヌは、一三世紀後半以降サハリンで交易をおこなうことがむずかしくなりました。そこで北東アジア史研究者の中村和之《なかむらかずゆき》は、アイヌが元の目をのがれて交易するため、ツングース系先住民と直接接触せず沈黙交易をおこなっていたのではないか、と指摘しています。

サンタン人
山本三生編1957『日本郷土図鑑』北海タイムス社。

しかし、毛皮を献上することを条件にアイヌが元に服属した一四世紀初頭以降、両者の関係は安定します。さらに一五世紀になってアムール川下流域やサハリンへ進出した明は、アイヌとのあいだで朝貢交易を展開しました。そのため沈黙交易の必要性は次第になくなり、一四世紀前半の『析津志』以降、沈黙交易を記す記事はみられないのではないか、といいます（中村二〇〇二）。

ただしシーボルトの『日本』には、一七九二年にサハリンへ調査におもむいた最上徳内の情報として次のように記されています。

サンタン人は小船でサハリンに上陸すると、もってきた商品を目に入りやすい適当な場所にならべ、自分たちは遠ざかる。そこへアイヌが品物をみにやってくる。気に入ったものを探しだすと、任意の交換品をおき、それから同様に遠ざかる。サンタン人はふたたびもどってきて、その交換品を受けとり、黙ったままこの商いを終える、というのです。

サンタン人とはアムール川下流域からサハリン北部にいた先住民のことです。サハリンでは一八世紀末になっても沈黙交易がおこなわれていたようです。

オホーツク人との沈黙交易

アイヌの沈黙交易は古代にもおこなわれていたようです。そのことをうかがわせる記事が日本側史料にみえます。

オホーツク人は、六世紀になると日本海を南下し、道南の奥尻島を足場に本州へ往来するようになった、とのべました。これとかかわって『日本書紀』に興味深い記事があります。

六六〇年、阿倍比羅夫の率いる大艦隊が王権の命を受けて日本海を北上し、「渡嶋」という島に達します。そこでは地元の「渡嶋蝦夷《わたりしまのえみし》」が海岸に集まっており、沖合の「弊《へ》賂《ろ》弁《べ》嶋」を根城にしてかれらに危害を加える「粛慎《あしはせ》」を討ってほしい、と助けを求めます。そこで比羅夫は「粛慎」を討ちました。

この「渡嶋」は北海道、「渡嶋蝦夷」はアイヌ、「粛慎」はオホーツク人とするのが最近の定説です。またオホーツク人は六世紀以降、道南の奥尻島を拠点に日本海を南下していたのですから、この「弊賂弁嶋」は奥尻島と考えてよさそうです。事件の歴史的な意義については拙著を参照いただきたいとおもいますが（瀬川二〇一二）、注目したいのは、比羅夫がオホーツク人である「粛慎」をよびよせるため、海辺に絹織物や鉄製品を積みあげたことです。「弊賂弁嶋」からやってきたオホーツク人は、比羅夫たちと接触せず、品物を吟味し、服と布をもちかえりましたが、これは多くの研究者が指摘しているように沈黙交易を示唆しています。

おそらく比羅夫は、オホーツク人との戦いにそなえ、船舶や装備などの情報を収集しようと、かれらをよびよせる方法をアイヌにたずねたにちがいありません。アイヌはオホーツク人と物々交換をおこなうこともあり、その方法が沈黙交易だったのではないでしょうか。そこで比羅夫に進言したのが沈黙交易ではなかったか、とおもわれるのです。

アイヌはオホーツク人と親密な関係ではなかったとのべましたが、そうだとすれば、両者が交易をおこなうことなどあったのでしょうか。

石狩低地帯の遺跡では、近年オホーツク人の土器がわずかながらみつかってきています。アイヌの拠点地域を訪れるオホーツク人がいたようです。ただし、オホーツク人が石狩低地帯のアイヌにまじって集落を構え、あるいは多数でキャンプをしながら交易していたという状況ではありません。両者が疎遠な関係にあるのはまちがいないのですが、かれらの足跡が複数の遺跡で認められる以上、アイヌはオホーツク人を全面的に拒絶していたわけではなかったのです。

このアイヌとオホーツク人の接触を物語る史料として、近年注目されているのが錫《すず》製の耳輪です。この耳輪は、アイヌの中心地であった石狩低地帯や、アイヌと和人が交易をおこなっていた東北地方太平洋沿岸の七～八世紀の遺跡から出土していますが、どこでつくられた製品か明らかではありませんでした。

ところが最近、これがロシア沿海州の製品と考えられるようになってきたのです。とすれば、これはオホーツク人の手を経てアイヌへ流通していた可能性が高いといえます。石狩低地帯へやってきたオホーツク人は、このような大陸の製品を持参し、アイヌとのあいだで沈黙交易をおこなっていたのではないでしょうか。

北東アジア先住民の影

アイヌがかかわっていた沈黙交易は次の四つ、つまり疫病をおそれる近世の千島アイヌと道東アイヌの沈黙交易、近世のサハリンアイヌとサンタン人の沈黙交易、中国の元の目を盗む目的でおこなわれていた中世サハリンアイヌとツングース系先住民の沈黙交易、アイヌとオホーツク人の交易方法を踏襲した古代の阿倍比羅夫の沈黙交易でした。

これらはいずれも異なる理由によっておこなわれていたとみられるのですが、では、それぞれの沈黙交易のあいだには関係はなかったのでしょうか。

阿倍比羅夫の沈黙交易は、古代アイヌとオホーツク人のあいだでおこなわれていた沈黙交易を踏襲したとのべましたが、このオホーツク人はサハリンから北海道へ南下した人びとであり、現在サハリン北部に暮らす先住民ニヴフの祖先と考えられています。

また、中世サハリンアイヌが沈黙交易をおこなっていた「野人」は、シベリアや満州など広く北東アジアに暮らすツングース系の民族を指しますが、サハリンアイヌと交易をおこなっていたのですから、アムール川下流域からサハリンの先住民だったのでしょう。

サハリンの先住民

トナカイ牧畜民ウィルタ（左）と漁撈民ニヴフ。山本三生編1957『日本郷土図鑑』北海タイムス社。

さらに、近世サハリンアイヌと沈黙交易をおこなっていたサンタン人も、アムール川下流域に住んでいた民族であり、現在同地域に暮らす先住民ウリチの祖先にあたります。

つまり、千島アイヌの沈黙交易をのぞくと、そこにかかわっていたのはすべてアムール川下流域からサハリンの先住民だったことになります。民族学者の鳥居龍蔵《とりいりゅうぞう》は、東アジアの沈黙交易は、これらアムール川下流域からサハリンをふくむ北東アジア諸民族にもっとも特徴的な習俗である、と指摘しています（鳥居一九一七）。アイヌがかかわった沈黙交易は、北東アジア先住民の習俗だったのではないでしょうか。

実は、千島アイヌの成りたちにもオホーツク人の影が認められます。

アイヌが北千島へ進出したのは一五世紀です。しかし、かれらは北海道本島から北千島へ一気に進出したのではありません。序章でのべたように、一一世紀末にはクナシリ島やエトロフ島など南千島までアイヌの進出が進んでいました。そしてこの南千島へ進出したアイヌは、根室海峡周辺や南千島にとどまっていたオホーツク人の残党と同化したことを考古学的に確認することができます。つまり千島列島へ進出したアイヌは、アイヌ文化を担っていたものの、オホーツク人との混血だったのです。

アイヌとオホーツク人は沈黙交易をおこなっていたとみられるのですから、根室海峡周辺や南千島では、オホーツク人の同化が完了する一三世紀ごろまで、この沈黙交易がおこなわれていた可能性があります。千島アイヌの沈黙交易には、この記憶がかかわっていたのではないでしょうか。

古代から近世までおこなわれていたアイヌの沈黙交易は、基本的にはオホーツク人をはじめとする北東アジア先住民の側の習俗だったとみられます。アイヌと北東アジア先住民のあいだでは、私たちの想像をはるかに越える奇妙な交流の世界が展開していたようです。

祖先でむすばれる社会

次に考えてみたいのは、日本との交易がもたらしたアイヌ社会の変容の問題です。

日本人が紋付きなどに描く家紋と似たものはアイヌの人びとにもみられます。父系の祖先の系統をあらわすこの「祖印《そいん》」はイトクパなどとよばれ、さまざまな器物に刻まれていました。その成りたちについて私は次のように考えています（瀬川二〇〇七・二〇一四）。

アイヌと日本の交易は、擦文時代の九世紀後葉から活発になります。そうしたなか、一〇世紀中葉になるとアイヌは土器の埦の底に記号を刻むようになります。ただしこの習俗を共有していたのは、道南端の松前から道北端の稚内にいたる日本海沿岸の人びとだけです。日本海側でも札幌や旭川など内陸では、このような土器の底に記号を刻む習俗はみられません。

一方これと同時に、道南の内浦湾《うちうら》（噴火湾《ふんか》）から日高にかけての太平洋沿岸では、馬蹄形の文様をつけた地域性の強い擦文土器が成立します。

これらの事実は、一〇世紀中葉以降、アイヌと日本の交易ルートが北海道の日本海沿岸と太平洋沿岸に二極化していき、その流通に関与する沿岸の集団が組織化されていったことを示している、と私は考えています。

この土器の埦の底の記号にはさまざまなモティーフがみられますが、日本海沿岸のすべての集落で共通するのは十字のシンプルなモティーフです。それぞれの集落では、この共通のモティーフに刻線を加えるなどして複雑なモティーフへと記号が分化していきますが、分化の仕方は集落ごとに異なっています。

共通のモティーフは、日本海沿岸の集団の共通祖先をあらわす祖印と考えられ、各集落

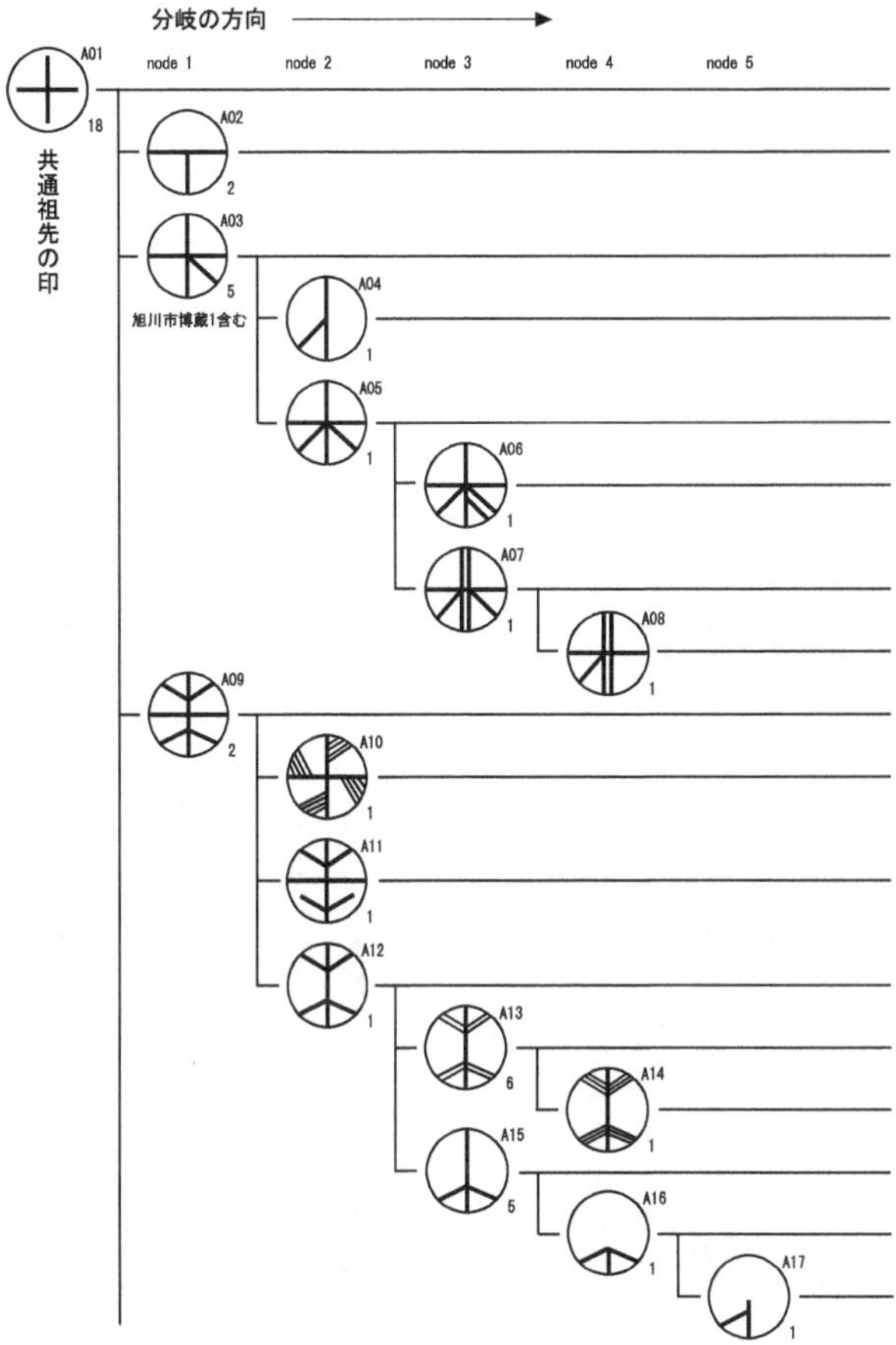

擦文時代の日本海沿岸集団における祖印の構造

共通祖先の印（+）から祖印が分岐していく。奥尻町青苗遺跡の例。瀬川拓郎2014「祖印か所有印か」『環太平洋・アイヌ文化研究』11。

ではこの共通祖先の文様から祖印の分岐が生じていったとみられます。つまり日本海沿岸の集団は、共通祖先からツリー状に分節する構造をもつ同族集団だったのです。日本海交易という経済的な利害でむすばれた人びとは、そのむすびつきのイデオロギーを、同じ祖先に発するという同族的な原理に求めたようです。

同じく流通によってむすびついていたとみられる太平洋沿岸の集団も、やはり祖先からの関係を軸にしてむすびつきを深めていったとおもわれますが、かれらの土器の底に祖印はみられません。ひょっとすると、似たような記号が木製品など腐って残りにくいものにつけられていたのかもしれません。

境界のクレオール

ところで、日本海沿岸の集団のうち、渡島半島南半の松前町からせたな町にかけての地域には、一般的な擦文文化とは大きく異なる文化をもつ集団が展開していました。それは、青森県や秋田県の和人の文化(土師器《はじき》文化)と、北海道の擦文文化が融合して一〇世紀中葉に成立した、私が「青苗《あおなえ》文化」とよぶ文化の人びとです。

青苗文化の土器は、器面のケズリ調整は本州の土師器と同じですが、文様をほどこす点は擦文土器と同じで、器形は土師器とも擦文土器とも異なる独自性をみせています。青苗文化の集落は環濠で囲まれ、木枠の井戸もみつかっていますが、これは当時の東北北部の集落の特徴で、擦文文化の集落で環濠や井戸をもつものはひとつもありません。青苗文化の住居は平地式あるいはごく浅い竪穴で、深さが一メートルもある擦文文化の住居とはまったく異なるものですが、床面に設けられた炉は土師器文化の住居にはみられず、擦文文化の住居と共通しています。また、青苗文化の人びとは擦文文化的なアシカ猟やアワビ漁に従事する一方、当時のハイテク技術である鉄の生産もおこない、集落には鍛冶工人が複数常駐していました。擦文文化では鉄の生産はおこなわれておらず、常駐する鍛冶工人もいません。青苗文化は、あらゆる面で擦文文化と本州の土師器文化の中間的な様相をみせており、その文化を担った人びとはクレオール（言語や文化が融合した人びと）としての性格を強くもっていました（瀬川二〇〇五）。

青苗文化の土器は青森県や秋田県の日本海側で多くみつかっており、青苗文化人は本州へ頻繁に往来し、その地の人びとと婚姻関係をむすんでいたことがわかります。一方、青苗文化の土器が擦文文化の遺跡で出土することはほとんどありません。青苗文化の人びとの交流は、和人の側に大きく傾いていたのです。

しかし、それにもかかわらず祖印の習俗をみると、青苗文化の人びとは道央や道北の日本海沿岸のアイヌと祖先を共有しており、そのアイデンティティを和人の側ではなく、アイヌの側にもっていたことがわかります。

日本海沿岸と太平洋沿岸に一〇世紀に成立したアイヌの地域集団は、広大な地域の人びとが祖先の共有を軸にむすびつく性格をもっていました。しかし近世アイヌの祖印がそうであったように、それは厳密な血族だけを示すものではなく、象徴的な意味あいが強いものと考えたほうがよさそうです。

たとえば近世アイヌは、移住してきたよそ者に自分の祖印をあたえて同族としたほか、妻の実家で祖印を受け継ぐ男子がいない場合、次男や三男が妻の実家の祖印を継ぐこともありました。さらに養子にだされた人間が、自身の祖印と養家の祖印を組みあわせて新しい祖印をつくることがあり、よそ者に祖印をあたえる際、自身の祖印そのままでなく文様の一部をあたえることもありました。よそ者が多く入りこんでくる地方では、祖印のバリエーションを次々につくってあたえることもあったといいます。

そして、このような象徴的・擬制的な同祖関係の本質は、交易という経済的・政治的な利害の共有にあったとみられるのです。

名づけと名のり

中世のアイヌ社会にかんする数少ない史料のひとつである『諏訪大明神絵詞《すわだいみょうじんえことば》』は、一四世紀の北海道に三種類の蝦夷《えぞ》（アイヌ）、すなわち「日《ひ》ノ本《もと》」「唐子《からこ》」「渡党《わたりとう》」がいたと記しています。

このうち日ノ本と唐子は、和人と言葉がまったく通じず、夜叉《やしゃ》（鬼）のような異様な姿をしていたといいます。このことは、この二つのグループと和人のあいだには直接的な接触がほとんどなかったことを示しています。

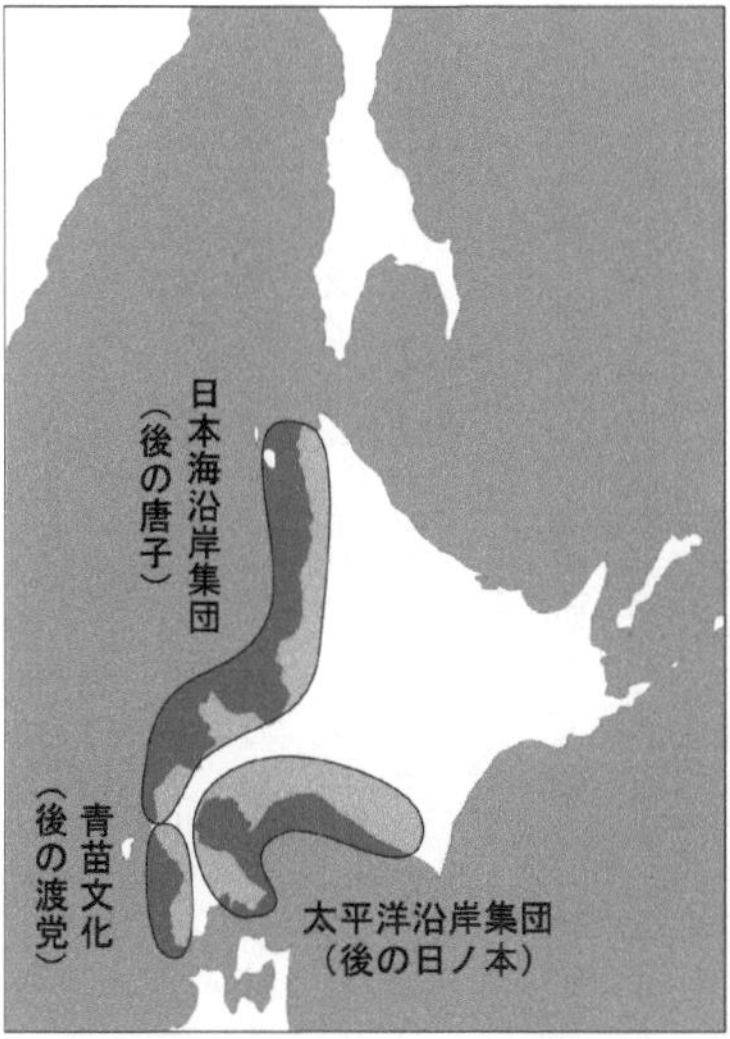

10世紀におけるアイヌの3つの地域集団

これにたいして渡党は和人に姿が似ており、言葉も大半が通じました。しかし髪やヒゲが多く全身に毛が生えているなど、和人とは異なる形質的特徴をもち、イナウや骨でつくった毒矢を使用し、戦いの際には第四章「呪術」でのべる行進呪術をおこなうなど、近世アイヌと共通する文化をもっていました。そして、かれらは道南の松前から青森へ頻繁に往来し、交易をおこなっていたというのです。アイヌの一種でありながら和人との中間的な性格をみせる渡党は、まさにクレオールであり、一〇世紀に成立した青苗文化の人びとの後裔とみてまちがいありません。

金田一京助は、唐子は中国風の文化を受けた人びとを意味する言葉であることから、これを日本海側の人びと、日ノ本は東方を意味する言葉であることから、これを太平洋側の人びとと考えました（金田一一九九三a）。唐子は一〇世紀に成立した日本海沿岸集団、日ノ本は太平洋沿岸集団の後裔とみてよいでしょう。

近世の北海道は三つの地域に区分されていました。「和人地」（渡島半島南半）、「西蝦夷地」（日本海―オホーツク海に面した地域）、「東蝦夷地」（太平洋に面した地域）です。これは和人による便宜的な地域区分であったとされますが、和人地は青苗文化＝渡党、西蝦夷地は日本海沿岸集団＝唐子、東蝦夷地は太平洋沿岸集団＝日ノ本に対応するものであり、一〇世紀に成立したアイヌの地域集団の実態に即しておこなわれた地域区分であったと私は考えています。

近世の和人地は、中世に和人が進出してきた地域がもとになって成立したものですが、それは青苗文化の広がりとほぼ一致しています。このことは、和人の北海道進出が、かれらと関係の深かった青苗文化の侵食というかたちで進められたことを示しています。また、西蝦夷地は第一章「縄文」でのべた「ナイ」地名の分布、東蝦夷地は「ペツ」地名の分布と一致することにお気づきになったかもしれません。「ナイ」地名グループは日本海沿岸集団であり、「ペッ」地名グループは太平洋沿岸集団にほかなりませんでした。これらの事実も、東西蝦夷地・和人地という地域区分がアイヌ社会のありかたにもとづくものであったことを示しているのです。

いずれにせよ中世の三つのアイヌ集団は、交易を通じて一〇世紀に成立した地域集団の後裔だったとみられるのですが、興味深いのは、日本側がこの三つの集団の特徴をただしく認識し、日ノ本・唐子・渡党という「名づけ」をおこなっていた事実です。

このことは、アイヌの側にも三つの集団に対応するなんらかの「名のり」(自称)があり、それぞれが集団としてのアイデンティティをもっていたことを示しています(内堀一九八九)。

「縄文的世界」から脱したアイヌは、オホーツク人や和人という異民族的集団との交流を通じて、みずからの集団的なアイデンティティを強く意識することになったにちがいありません。その基盤はなによりもアイヌ語であり、独自の習俗や形質的な特徴であったともおもわれますが、それはある意味においては素朴なアイデンティティであり、「原初的紐帯」(ギアーツ一九八七)というべきものでした。しかし、日本との交易を通じて一〇世紀に成立した地域集団のアイデンティティは、この原初的紐帯が交易という経済的・政治的関係にもとづく自己意識としてあらたな次元に移行したものといえるのです（瀬川二〇一二a）。

アイヌのエスニシティ

共通の祖先・歴史・文化をもち、特定の領域とむすびつきながら内部での連帯感をもつ「名前」をもった人間集団はエトニ、そのイデオロギー的側面はエスニシティとよばれます。このエトニは、生物学的な血縁的差異にもとづくゲノス（部族）にたいして、文化的な差異にもとづく集団を意味しています（スミス一九九九）。

一〇世紀のアイヌ社会に生じた、擬制的な共通出自の観念を核とする社会の政治・経済的組織化こそエトニの成立であり、そこにおけるアイデンティティの位相こそがエスニシティの成立を意味すると考えられます。近現代の「民族」としてのアイヌは、このようなエスニシティ、つまり集団としての高度なアイデンティティという民族的な実体をその基礎にもつものだった、と私は考えています。

もちろんアイヌ社会は、近代の国民国家のような徹底した均質性を「刷りこまれた」集団ではなく、独自性の強い地域集団からなっていました。一〇世紀のアイヌ社会であれば、それは日本海沿岸集団・太平洋沿岸集団・青苗文化集団などの地域集団から構成されていました。しかし、日本海沿岸集団と太平洋沿岸集団は同じ擦文文化として、ほとんど変わらない内容をもっています。青苗文化という日本との中間的な文化についても、日本海沿岸集団と祖先を共有していたのです。

つまり、それぞれの集団のアイデンティティは別個に独立して存在することができていたわけではなく、たがいに複雑にむすびつきながら、その全体がアイヌとしてのエスニシティを構成していたとみられるのです。一四世紀の日本が、日ノ本・唐子・渡党という三種類の人びとをまとめて「蝦夷」(アイヌ)とよんだ事実は、そのような実態を認識していたからにちがいありません。

交易を通してみえてくる複雑なアイヌの姿は、かれらを歴史をもたない民、閉じた世界に安住する狩猟採集民、政治的統合もない低位レベルの社会などとみなす、あらゆる言説が誤りであることを示しているのです。

第三章　伝説——古代ローマからアイヌへ

子どもだましの作り話

だれもが知るアイヌ伝説といえば、なんといっても小人（コロポックル）伝説ではないでしょうか。北海道のお土産屋さんでは、一世を風靡《ふうび》した大きな木彫りグマにかわって、フキの葉を傘にしたユーモラスな小人の人形が幅をきかせています。

竪穴住居に住み、土器や石器を用いる小人がいた。かれらは姿をみせず、夜な夜なアイヌに食べ物を贈った。窓から食べ物をさしだす小人の姿をみてみようと、アイヌがその手を引きいれると美しい女だった。この仕打ちに怒った小人たちは遠くに去った、というのが一般に知られているストーリーでしょう。

この小人伝説が歴史学の研究テーマになったことはありません。正確には明治時代に一度だけ、日本人の起源とかかわってコロポックルの実在をめぐる大論争が繰り広げられたことがあります。縄文時代に土器・石器を用いていた人びとは、先住民のアイヌとは異なるコロポックルという人種だったのではないか、というのです。

しかし、北千島のアイヌが江戸時代になっても土器づくりをしていたことが知られると、実在説はその根拠を失い、議論は幕を閉じました。このときから、小人伝説はアイヌの子どもだましの作り話にすぎないというイメージが固定化し、ふたたび学問の俎上《そじょう》にの

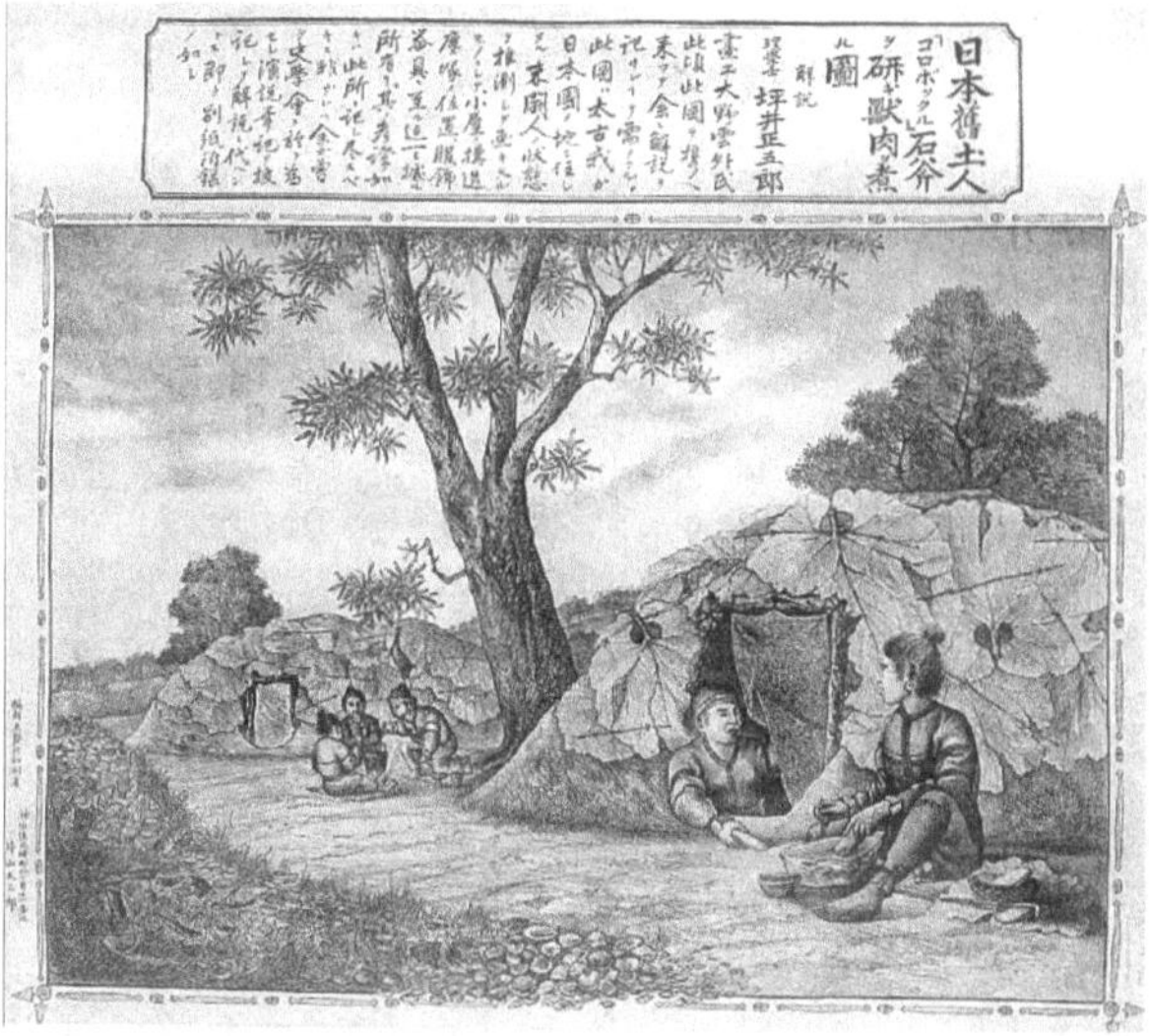

コロポックル（想像図）
大野雲外筆1903「日本旧土人『コロボックル』石斧ヲ研ギ獣肉ヲ煮ル図」。西秋良宏ほか編2002『北の異界』東京大学総合研究博物館。

せられることはなかったのです。

古代ローマとアイヌ伝説

ところが、たまたま江戸時代初期に採録された小人伝説に接し、その内容に興味をもった私があらためて小人伝説を読みなおしてみると、次々と驚くべき事実が明らかになってきました。

小人には北千島アイヌという実在のモデルがいたこと。北千島アイヌの奇妙な習俗にかんする一種のうわさが、日本の中世説話の影響を受け、一五～一六世紀にアイヌのあいだで小人伝説として語られるようになったこと。その中世説話の小人伝説は、もとをたどれば古代ローマの博物学者プリニウスの『博物誌』の記事が中国から日本を経てアイヌに伝わったものであり、そのためアイヌの小人伝説には『博物誌』の記事と同じモティーフがみられること、などです。アイヌ伝説は古代ローマともつながっていたのです。

さらに、時間の経過とともにモデルであった北千島アイヌのことが忘れられ、一種の妖精譚として道内各地で多様なバリエーションを生みだすとともに、ユーカラなどと融合していったこともわかってきました。

子どもだましの作り話と考えられてきた小人伝説は、知られざる千島アイヌの成りたちや、記録がまったくない中世アイヌの口承文化、あるいは中世日本とアイヌの文化的交流を復元する手がかりとなる、宝物のような史料といえるのです。

小人伝説をひもときながら、深い歴史の森に分け入ってみたいとおもいます。

小人伝説を読む――一七〜一八世紀の史料

まず、歴史のなかの小人伝説がどのようなものか、みていくことにしましょう。

北海道に小人がいるという最古の情報は、北海道（おそらく道南の松前）へ二度渡ったことのある和人からイギリス東インド会社のセーリスが聞きとった、一六一三年の記録のなかにみえます。

その内容は、北海道の北の方にアイヌとは異なる背の低い人間がいると書かれているだけですが（『セーリス日本渡航記』）、すでに近世はじめには小人伝説がアイヌ社会に広まっていたこと、またその成立がまちがいなく中世にさかのぼることを示す点で重要です。

次に、一六六二年に南千島のエトロフ島へ漂着した和人の船員の調書のなかに、アイヌから聞きとった小人伝説の内容がかなりくわしく記されています。

小人は、小人島から北海道本島へたびたび渡ってくる。その目的は土（粘土）を盗むことである。かれらはその土で土器をつくる。アイヌが小人をおどすと船もろとも姿を隠してしまう。本島から小人島までは遠く船路一〇〇里もある。小人島にはワシが多くいる。そのため小人が外出するときは、ワシにさらわれないよう、あるいは風で飛ばされないよう、一〇人ほどで手をつないで歩く、というのです（『勢州《せいしゅう》船《せん》北海《ほっかい》漂着記《ひょうちゃくき》』）。

これはアイヌの小人伝説の原型に近いとみられる、もっとも重要な史料ですが、その意義についてはあとでのべます。以上が一七世紀代の史料です。

次の史料は一八世紀代のものです。

道南の日本海側、現在の上《かみ》ノ国《くに》町小砂子《ちいさご》の地名の由来にかんする一七一〇年の記事です。その地名の由来を土地の者にたずねると、昔ここに小人島から小人が一〇〇人もやってきて、土を盗み、草を抜いていった。そのため「ちいさごが崎」というのだ、とあります（『蝦夷談筆記』）。

小砂子地名の由来にかんする史料はもうひとつあります。むかし船に乗った小人が多数やってきて浜辺の土を盗んだ。小人の船を追うとかき消すようにいなくなった、とあります。一七八九年の記録です（菅江真澄《すがえますみ》『蝦夷喧辞弁《えみしのさえき》』）。

これら小砂子地名の由来にかんする伝説は、『勢州船北海漂着記』の伝説からさまざまなエピソードが抜け落ちたものだと考えられそうです。つまり、土を盗んでいくことの目的（土器づくり）が忘れられ、意味不明の神秘的な行為として語られるとともに、アイヌに姿をみせようとしない小人の特徴が強調されたもの、とみられるのです。

小人伝説が地名とむすびつき、和人地（和人が居住する渡島半島南半）の在地伝説として和人によって語られている点が注目されます。

小人伝説を読む――一九世紀の史料

次の史料は一九世紀代のものです。

道東のアイヌから聞きとったところでは、むかしトイチセコッチャカムイという小人がおり、竪穴住居に住んでいた。かれらは次第に追いやられ、船でラッコ島（北千島ウルップ島）に移り住んだ。千島アイヌはこのトイチセコッチャカムイの末裔である、とあります。一八〇四年の記事です（『辺要分界図考』巻四）。

このトイチセコッチャカムイとは、アイヌ語で土の家（竪穴住居）に住む神を意味します。記事は小人が船で島に移住したとしています。小人が島と深いかかわりをもつという認識は『勢州船北海漂着記』との類似を示すものですが、これ以降の伝説では中核的なエピソードではなくなります。小人が移住した島を北千島とし、千島アイヌがこの小人の子孫であるとしている点に注目したいとおもいます。

次にみる一九世紀代の伝説は、それ以前のやや地味な内容にくらべて、多彩なエピソードをもつものになっています。

むかしフキの葉の下に三人ずつうずくまっているので、コロポックルとよばれる小人がいた。アイヌがものを乞うと、コロポックルは窓から手をさしだしてそれをあたえた。コロポックルの手にはイレズミがあり、アイヌのイレズミはこれをまねたものである。かれらはその後、北の方に去り、いまは北海道にいない。またの名をトイコイカモイ、あるいはその去った先が北千島のウルップ島に近いのでクルムセ（千島アイヌの名称）ともよぶ、

というのです。一八〇六年の記事です（『東海参譚《とうかいさんたん》』）。

小人伝説の原型とみられる『勢州船北海漂着記』の内容とは大きく異なりますが、小人がその姿をみせようとしないこと、かれらの去った先が島であるとする認識が共通しています。

なお、ここではじめてコロポックルという名前がでてきました。これは（フキの葉あるいは地面の）下の人を意味します。このような「フキの葉系」の名称（コロボルグルカモイ・コロブクングルなど）は北海道全体に広がっています。しかし道東では、「フキの葉系」の名称とともに、先の記事にでてきたトイチセコッチャカムイなど「竪穴住居系」の名称（トイコイカモイ・コッチャカモイ・トイチセウンクルなど）が近代になるまで根強く使われています。

次に紹介する記事も、道東では小人をトイチセウンクルというとのべています。竪穴住居系の名称は、道東に特徴的なものだったのです。この事実は、小人のモデルや伝説の成立地域を特定するひとつの手がかりになります。

コロポックルのことを道東ではトイチセウンクルという。かれらはアイヌに魚を乞い、あたえなければ悪さをする。また伝説によっては、窓から手を入れてアイヌに魚をあたえてくれるともいう。小人の声を聞いた者はいても、姿をみた者はいない。窓から魚をさしだした小人の手を引き入れると、美しい女であった、などとあります。一八〇八年の記事です（『渡島筆記』）。

北千島アイヌ
シコタン島に移住した北千島アイヌ（1888年）。北海道大学附属図書館編1992『明治大正期の北海道』北海道大学図書刊行会。

近代まで伝承されていた小人伝説の基本的なモティーフは、このタイプなのです。

モデルは北千島アイヌ

初期の小人伝説である『勢州船北海漂着記』では、小人の特徴がいくつかのべられていました。実は、この特徴は北千島アイヌの特徴そのものといえるのです（以下では、北海道とカムチャツカのあいだに連なる千島列島を、エトロフ島以南を南千島、ウルップ島以北を北千島とよぶことにします）。

小人が小人島から渡ってくる理由は、土器づくりの粘土を調達することでしたが、北千島アイヌも江戸時代まで土器づくりをおこなっていました。

詳細は拙著（瀬川二〇一二b）でのべていますが、民族学者の鳥居龍蔵が一八九九年に千島アイヌの調査をおこなった際、七〇歳ほどの老人から、その当時は絶えていた土器の製法をくわしく聞きとっていますので、一九世紀前半ごろまでは土器づくりがおこなわれていたようです。

北海道では、本州から鉄鍋と漆器椀が流通するようになる一三世紀に土器づくりがおこなわれなくなります。ただし流通が途絶えがちになることもあったのか、その後も一四～一六世紀まで道東を中心に細々と土器（土鍋）がつくられます。アイヌ社会の辺境である北千島とサハリンでは、江戸時代になっても土器づくりの習俗が残っていました。はやくに土器づくりの伝統を失った北海道アイヌの目には、北千島アイヌの土器づくりの習俗は奇異に映ったにちがいありません。

さらに、小人はほかの島に粘土を採取しにいくとありますが、北千島でも島のなかで土器づくりの粘土が調達できない場合があり、北千島シュムシュ島のアイヌは隣接するアライト島へ粘土を採取にいくなどしていました（鳥居一九〇三）。

ポロンスキーの『千島誌《ちしまし》』によれば、千島列島のほぼ真ん中に位置する北千島ケトイ島はいたるところに青灰色の粘土があり、多数の粘土の採掘坑があったといいます。ケトイ島は狭い火山島で、季節的な猟場として利用される以外アイヌの集落はなかったのですから、鳥居も指摘するように、ほかの島から土器づくりの粘土を調達しにきていたのでしょう。伝説には、このような北千島アイヌの習俗が反映されているのではないでしょうか。

次に、『勢州船北海漂着記』には小人島にワシが多くいるとありますが、北千島もワシの島として知られていました。

序章でのべたとおり、日本では一〇世紀以降、オオワシの尾羽が高級な矢羽として珍重されていました。江戸時代には、その移出を担っていたのはおもに道東と千島のアイヌで、とくに千島が主産地となっていました。オオワシは冬になると繁殖地のロシア沿海州から南下しますが、これにはサハリン─道東を経て千島へ飛来する群と、カムチャツカまわりで千島へ飛来する群があり、千島は二つの群が重なって多くのオオワシが群れたのです。近世の北千島はオオワシの出荷で知られていました。

次に、小人はアイヌがおどすと船もろとも姿を隠してしまうとあります。これは大半の小人伝説にみられる、姿をみせずアイヌと交流する臆病な小人のモティーフと共通するものです。そこには、第二章「交易」でのべたとおり、姿をみせず北海道アイヌと沈黙交易をおこなっていた千島アイヌの、島外の人間との接触を忌避する性向が反映されていたのではないでしょうか。

小人伝説を知らない人びと

このことを裏づけるように、『辺要分界図考』や『東海参譚』の伝説は、小人が北千島アイヌであるとしています。このような小人を北千島アイヌとする伝説は、近代まで伝承されていました。

日露戦争の旅順攻略で華々しい戦果を残した名寄《なよろ》市の北風磯吉《きたかぜいそきち》エカシ（翁）は、次のような小人伝説を伝えていました。

小人は名寄に長く住んでから、千島へ移り住んだといわれるが、そうではなく千島へ帰ったのである。千島へ帰った小人はアイヌ名を名乗っていたとされ、私もその二、三を聞き知っている、というのです（『北風磯吉資料集』）。

また、北千島の名前はでてきませんが、次の伝説も示唆的な内容をもつものです。

北海道がエインモシリ（尖った島）とポロモシリ（大きな島）に分かれていたとき、ポロモシリカムイ（大きな島の神）の娘のアムイカッケマツは、ポロモシリにとどまることができなくなり、エインモシリに移り住んだ。このエインモシリには小人のトイチセコッチャカムイが住んでいたが、アムイカッケマツはトイチセコッチャカムイを追いはらった、というのです（『日本昔話通巻』一）。

小人をトイチセコッチャカムイといっていますので、これは道東で採取された伝説とみられます。小人がいた尖った島は、大きな島ではないほうの島、つまり小さな島なのですから、大きな島は北海道、尖った島は千島と考えてみたくなります。

ところで、小人伝説はアイヌ社会のほぼ全域——北海道本島・サハリン南部・南千島で語られていました。ただし北千島アイヌだけがこの伝説を知らず、そのような話を耳にしたこともないと語っていました。

たとえば一九〇一年の『北千島調査報文』によれば、北千島アイヌは、衣服や習俗は本島や南千島のアイヌと異なっているが、言語や基本的な文化は同じである。しかし北千島アイヌは小人伝説やユーカラを知らなかった、というのです。また、鳥居龍蔵が北千島アイヌに小人伝説を知っているかたずねたところ、小人伝説など聞いたこともないとこたえた、といいます（鳥居同前）。

アイヌ社会のなかで北千島アイヌだけが小人伝説を伝えていなかったこの事実は、北千島アイヌこそ伝説の当のモデルであったことを物語っているのではないでしょうか。

妖怪としての北千島アイヌ

小人伝説のモデルが北千島アイヌだったとすれば、伝説が成立した場所は、北千島アイヌと交易をおこなっており、かれらの習俗を直接見聞する機会があった道東と考えられそうです。

そこで注目されるのは、道東のアイヌだけが小人をトイチセコッチャカムイなど竪穴住居に住む人（神）とよんでいた事実です。

北海道本島では、一三世紀になるとそれまで用いていた竪穴住居が平地住居に変わりました。しかし周縁のサハリンと北千島では、土器と同様、竪穴住居の習俗がおそくまで残りました。たとえば北千島では、一八八〇年ごろ南千島に強制移住させられた北千島シュムシュ島のアイヌが竪穴住居に住んでいた事実などから、明治時代になってもその習俗が残っていたことがわかります。竪穴住居は、土器づくりとならぶ北千島アイヌの特異な習俗だったのです。

道東アイヌが小人を竪穴住居に住む人とよんでいた事実は、かれらの伝える伝説が古層のものであり、したがってその成立地が道東であることを示しているといえそうです。

ところで、小人伝説の成立地が道東であったとすれば、道東アイヌのなかにはその下地として、北千島アイヌを異人や妖怪のような存在とみなす認識が存在したのではないでしょうか。このこととかかわって興味深い史料があります。

先にふれた『蝦夷談筆記』（一七一〇年）によれば、アイヌからの聞きとりとして、千島の島々には異形の者がいる。耳輪を鼻に通す島、男にヒゲがまったくない島、気候が暑く地面に穴を掘って住む島などがある、といいます。

また、一六一八年にイエズス会宣教師が道東アイヌから聞きとったところでは、千島アイヌとみられる人びとはヒゲがまったくなく、色黒で、アイヌ語と異なる言葉を話し、未開である、といいます（「ジロラモ・デ・アンジェリスの第一報告」）。また、一六二〇年の宣教師の聞きとりによれば、千島アイヌとみられる人びとは色白で、石づくりの家に住み、立派な身なりをしている、といいます（「ディオゴ・カルワーリュの報告」）。

さらに、板倉源次郎《いたくらげんじろう》『北海随筆《ほっかいずいひつ》』（一七三九年）によれば、千島アイヌ（おそらく南千島のアイヌ）が難破した際、流れ着いた島（北千島か）の住人は一つ目で、言葉が通じなかった。また気候が暑い島があり、そこに住むアイヌは頭髪が縮れていた、といいます。

小人伝説は、北千島アイヌを異形の人びと、あるいは一種の妖怪とみなす、このような道東アイヌの認識のなかで生まれてきたのではないでしょうか。そしてこうした認識は、北千島アイヌが沈黙交易をおこなうなど道東アイヌとの接触を執拗に避け、両者のコミュニケーションが成立していなかったことに起因したとおもわれるのです。

成立の時期

では、小人伝説が成立したのはいつごろだったのでしょうか。

北千島ウルップ島のラッコ皮とオオワシ羽
手にもっているのがオオワシ。山本三生編1930『日本地理大系——北海道・樺太編』改造社。

考古学の成果からみると、それまでオホーツク人が占めていた道東へアイヌが進出したのは一〇世紀以降、南千島への進出は一一世紀末でした。さらにアイヌが南千島から北千島やカムチャツカ半島の南端へ進出したのは一五世紀のことです。

この一五世紀には、日本側の史料にラッコの毛皮にかんする記事があらわれるようになります。『後鑑《のちかがみ》』一四二三年の記事には、当時アイヌとの交易を担っていた安藤陸奥守《あんどうむつのかみ》が足利義量《あしかがよしかず》の五代将軍就任に贈った品のなかに、コンブなどとならんでラッコ毛皮三〇枚がみえます。これは日本側史料にラッコ毛皮がはじめて登場した記事です。『大乗院寺社雑事記《だいじょういんじしゃぞうじき》』一四八三年の記事には、中国への輸出品としてラッコ毛皮がみえます。さらに一五世紀後半に成立した日本の辞書、文明本『節《せっ》用集《ようしゅう》』には「獺虎らっこ」とあり、当時ラッコ毛皮が本州で広く認知されていたことがわかります。

このラッコは、北千島のウルップ島・チリポイ南島・同北島・ブロトン島・シャスコタン島・オンネコタン島の周辺に多く、なかでもウルップ島は「ラッコ島」とよばれるほどラッコが多く生息していました。そのため江戸時代には、ラッコがオオワシとならんで北千島アイヌの特産品となっていました。一五世紀の日本側史料にラッコ記事があらわれるようになったのは、同じ時期に北千島へ進出したアイヌが、その出荷をはじめたからにちがいありません。

そうすると、北千島アイヌをモデルとする小人伝説の成立は、この一五世紀以降ということになります。また一六一三年のセーリスの記事に小人伝説がみえるのですから、成立年代の下限はこれより古く、一七世紀よりも前ということになります。つまり小人伝説の成立は一五～一六世紀と押さえられるのです。

『勢州船北海漂着記』の小人伝説は、考古学の研究者からみると北千島アイヌがモデルであることを容易に推察できる内容です。一五～一六世紀に成立したと推定される「原」小人伝説は、北千島アイヌの実態を反映した、これとほぼ同内容のものだったとみてよいのではないでしょうか。

ユーカラとの関係

一九世紀以降の小人伝説をみると、推定される「原」小人伝説とは異なり、実在のモデルがいるとはおもわれない多彩なエピソードをもつ一種の妖精譚に変化しています。そこにはほかの伝説との融合などもかかわっていたようです。

アイヌのユーカラには国土創造神のオキクルミが登場しますが、その物語のなかには次のようなモティーフがみられます。

アイヌが飢饉になったとき、オキクルミは猟で手に入れたクマやシカの肉を、妹のトゥレシマチをつかわしてアイヌにあたえた。トゥレシマチは家々の窓から手を差しいれ、肉を渡していった。ところが、あるアイヌがその顔をみようと無理やり手を引きいれたため、これに怒ったオキクルミは去っていった、といいます（金田一一九二五）。

このストーリーが、一九世紀以降の小人伝説と同じモティーフであることにお気づきになったでしょう。

ユーカラのなかには、このオキクルミが去っていった先に言及するものもあります。アイヌの非礼に怒り、故郷の日高の沙流《さる》川を去ったオキクルミは、「サモロ・モシリ」（隣の国）の「モシリ・パケへ」（国の東）、つまり東の果てへ移り住んだ、というのです（久保寺一九七七）。

この「隣の国」については日本あるいは天国とする見解もありますが、いずれも定説とはなっていません。しかし、もし「隣の国」が日本であるならば、そこが東の果てと強調される事実と合致しません。そもそもアイヌの神が日本へ去ったというのも説得力を欠いています。

ユーカラと小人伝説が融合をみせている事実、また小人伝説のなかにアイヌの仕打ちに怒った小人が千島へ去ったとするモティーフがある事実から考えれば、オキクルミが去った「隣の国」とは千島であり、その東の果てとは北千島であったとみるのが自然ではないでしょうか。

ユーカラのなかには、オキクルミが沙流川の上流で金色のワシに遭遇し、これを追ってポンルルカの国に去ったとするものもあります（『続蝦夷草紙《ぞくえぞそうし》』）。このポンルルカとは、千島アイヌによればカムチャツカの古称であり、千島アイヌの国を意味していました。これはオキクルミと千島の関係を明言するものです。

また、オキクルミの故郷とされる日高の沙流川筋のアイヌは、自分たちの先祖が千島からやってきたと伝えていました（バチェラー一九三八）。この伝承は、沙流川筋のアイヌが自分たちをオキクルミの子孫とみなしており、そのオキクルミは千島とかかわりが深いという認識のなかで生まれてきたものではないでしょうか。

そのように考えてよければ、ユーカラと小人伝説の関係は、ユーカラが小人伝説に影響をおよぼしたというより、小人伝説がユーカラに影響をおよぼしたということになるのではないでしょうか。

日本の中世説話の影

ユーカラといえば、衣川《ころもがわ》（岩手県平泉町）で自害したはずの源《みなもとの》義経《よしつね》が生きのび、北海道へ渡ったとする伝説がアイヌ社会に広く浸透していました。いわゆるアイヌの義経伝説です。ユーカラのなかでは、国土創造神オキクルミが義経として語られることもあったのです。

そのストーリーは、北海道へ渡った義経（オキクルミ）がアイヌの大将の娘婿《むすめむこ》になり、その大将が秘蔵する「トラ・ノ・マキモノ」（虎の巻物）という古い書巻を盗んで逃げた、というものです（バチェラー一九二五）。アイヌは、自分たちが文字をもたないのは、この書巻が盗まれたためであると考えていました。

『北海随筆』（一七三九年）にも、義経（オキクルミ）が北海道へ渡って「八面大王《はちめんだいおう》」の娘と通じ、大王が秘蔵する巻物を盗んで逃げたというユーカラが採録されています。

実は、これらの内容は、日本の中世説話を集めた『御伽草子《おとぎぞうし》』におさめられた義経伝説「御曹子島渡《おんぞうししまわたり》」のあらすじそのものなのです。

「御曹子島渡」は、義経が源氏再興のため蝦夷が島（北海道）の大王がもつ兵法書を手に入れようと平泉を発ち、途中、「小さ子島」（背の高さが扇の丈くらいしかない小人の島）、「女護《にょご》の島」（女性だけの島）、「馬人《むまひと》島」（上半身が馬で下半身が人間の島）、「はだか島」（島人が裸の島）など、奇怪な島々を経《へ》巡《めぐ》るというストーリーです。

この事実に注目した金田一京助は、アイヌの義経伝説は「御曹子島渡」をベースとしており、その流布はかなり古い時代にさかのぼるだろう、と次のようにのべました。

一六六九年のシャクシャインの戦い（松前藩とアイヌの戦い）によって、その背後にいた和人の金掘りがむやみに北海道に出入りすることは禁じられた。しかしそれ以前には、数万の金掘りが各地に入りこんでいた。かれらを通じて「御曹子島渡」の古浄瑠璃、あるいは古浄瑠璃として成立する以前の「御曹子島渡」の物語が、アイヌ社会に伝えられた可能性が考えられるのではないか。あるいはアイヌのユーカラ自体、このような日本の古浄瑠璃を起源として

アイヌの義経信仰
歌川芳宗（二代）1892「蝦夷の信仰」。アイヌ民族博物館提供。

成立したのではないか、というのです（金田一一九九三b）。

ちなみに最近の考古学的な研究では、シャクシャインの戦い以前の日高に、金掘りだけでなく破損した漆器を修理する和人の漆接《つ》ぎ職人なども入りこみ、アイヌと和人が深い関係をもっていたことが明らかになっています（関根二〇一四）。

ほかにも小人伝説と「御曹子島渡」との関係をうかがわせる興味深い事実があります。たとえば、江戸時代の百科事典である『和漢三才図会《わかんさんさいずえ》』（一七一三年）の「蝦夷之図」（北海道地図）をみると、道東の知床半島の近くに「久奈尻」（クナシリ島）、「エトロツフ島」（エトロフ島）、「猟虎島《らっこ》」（ラッコ島＝ウルップ島）などが描かれていますが、そのなかに「女人島」がみえます。さらに『津軽一統志《つがるいっとうし》』（一七三一年）の地図にも、千島列島の島々のなかに「女島」と「小人島」が描かれています。日本史研究者の菊池勇夫《きくちいさお》は、それらが「御曹子島渡」伝説の影響であると指摘しています（菊池一九九九）。

では、クナシリ島やエトロフ島など千島列島のなかに「女人島」や「小人島」がみえるのは、和人の地図製作者が、多数の島からなる千島に「御曹子島渡」のストーリーを連想し、そのなかに登場する「女人島」や「小人島」を勝手に書きこんだものなのでしょうか。それともそこには、北千島アイヌをモデルとするアイヌの小人伝説が反映されていたのでしょうか。

千島地図に描かれた女人島
『和漢三才図会』巻64「蝦夷之図」（部分）。

小人島と女人島

この疑問について考えるひとつの手がかりとして、私が「日本海型」の小人伝説と考えるものがあります。

小人伝説のなかには、海辺に漂着する「あば」（浮き）とむすびついた、日本海沿岸だけに分布するパターンがあります。この「日本海型」の伝説をみると、アイヌの小人伝説に「女人島」の伝承もふくまれていたことがわかるのです。

「日本海型」の小人伝説は次のようなものです。

『蝦夷談筆記』（一七一〇年）は、道南の上ノ国町の「ちいさごが崎」でひろった、奇妙な木片の話を記しています。地元の者にたずねたところ、それはむかし土を盗み、草を抜きにやってきた小人の「あば」という網の浮きである。これを五〜六枚重ね、釘でとめたものを海辺で拾うことがある。「あば」を黒焼きにした粉は病気の良薬になる、と答えたといいます。

先述の、小砂子の地名の由来を記した『蝦夷喧辞弁』（一七八九年）では、同じ上ノ国町で聞きとった類話を記し、海岸に打ち寄せられる「あば」は、小人島から流れついたものであるとされています。

『夷諺俗話《いげんぞくわ》』（一七九二年）は、日本海沿岸の各地に長さ一メートルほどの船の櫂《かい》が流れつく。アイヌはこれを「メノコムシリ」（女人島）の櫂と伝えている。ほかにも、木の皮を木の釘で綴じ重ね、アイヌがメノコムシリの「あば」と呼ぶ製品も道北の天塩《てしお》町あたりに流れつく、としています。

『天塩日誌《てしおにっし》』（一八六二）は、道北の遠別《えんべつ》町で採集された三個の奇妙な木片について、アイヌは「メノコアハ」（女の「あば」）や「コロホウンクル」（コロポックル）の「あば」とよぶ、と記しています。

「あば」が小人島や女人島から流れつく浮きであり、それはむかし土を盗みにやってきたコロポックルのものであるとするこれらの伝説は、小人伝説のなかに「女人島」のモティーフがふくまれており、それがアイヌ社会に深く根をおろしていたことを示しているのです。

アイヌの小人伝説の形成には、「御曹子島渡」の深い影響があったと考えてよいのではないでしょうか。

グローバルな物語世界へ

このような迂遠《うえん》な証拠にたよるまでもなく、アイヌの小人伝説の成立にあたって日本の中世説話「御曹子島渡」が大きな影響をおよぼしていたことを示す、決定的な事実があります。

小人伝説の原型に近いと考えられる『勢州船北海漂着記』の記事には、ひとつだけ奇妙な内容があります。

小人は、小人島から北海道本島へたびたび渡ってくる。その目的は土(粘土)を盗むことである。かれらはその土で土器をつくる。アイヌが小人をおどすと船もろとも姿を隠してしまう。本島から小人島までは遠く船路一〇〇里もある。小人島にはワシが多くいる。そのため小人はワシにさらわれないよう一〇人ほどで手をつないで歩く——これらの内容が、いずれも北千島アイヌの実態を反映していたのは、すでにみてきたとおりです。

ただしそのなかで、ワシにさらわれないよう大勢で手をつないで歩くというエピソードは、事実にもとづく他の内容にくらべて異質といえます。

この疑問について考えていたとき、『義経の冒険』（講談社選書メチエ）の著者である北海道大学の金沢英之《かなざわひでゆき》准教授からご教示をいただき、私はとびあがるほど驚きました。というのも、これとまったく同じエピソードが「御曹子島渡」のなかにもみられるというのです。

江戸時代の「御曹子島渡」の写本には、手をつないで歩く小人の挿絵がみられます。また赤本『義経島めぐり』には、小人がツルと戦っている図がのっています。義経が立ち寄った小人島の小人はツルにのまれないよう大勢で手をつないで歩く、というエピソードが義経伝説のなかで語られていたのです。

この小人とツルのエピソードは、日本では庶民のあいだにも広く普及していました。俳句でツルといえば小人が付合《つけあい》になっており、それは『誹枕《はいまくら》』（一六八〇年）に「引鰯《ひきいわし》鶴にとらるな小人嶋」などとみえるとおりです（米井二〇〇三）。

ただしこれは、もともとは中国から伝来したモティーフと考えられています。古くは『太平広記《たいへいこうき》』（九七八年）などにみえ、明《みん》の百科事典『三才図会《さんさいずえ》』の「小人」の項に、東の方に小人国があり、ツルにのまれないよう群れて歩く、などとあるとおりです。中国でも小人といえばツルのエピソードなのです（前田一九五四）。

そしてこの中国の小人記事は、もとをたどればインドに小人族がおり、ツルから身を守るため隊列を組んで遠征するという、古代ローマのプリニウス『博物誌』の記事が中国に伝わったものであるといいます（鈴木二〇〇六）。

『義経島めぐり』、「御曹子島渡」の小人
ツルと戦う小人島の小人（上）と、ツルにさらわれないよう手をつないで歩く小人（下）。上：赤本『義経島めぐり』（18世紀前半？）。下：「御曹子島渡」写本（17世紀中ごろ？）。金沢英之氏提供。

つまりアイヌの小人伝説にみえるエピソードは、『博物誌』の小人記事が中国経由で日本にもたらされ、「御曹子島渡」の小人島の語りとしてアイヌ社会に普及していく過程で北千島アイヌの伝説化のなかに取りこまれ、ツルが北千島特産のオオワシに転換したと考えられるのです。

ところで北海道アイヌは、先にのべたように、北千島に住む人びとをヒゲがない、気候が暑く地面に穴を掘って住む、髪が縮れている、耳輪を鼻に通す、一つ目である、などと認識していました。

そこで注意したいのは、『増補《ぞうほ》華《か》夷通商考《いつうしょうこう》』（一七〇八年）に、小人国の小人はヒゲも眉毛もないとあること、また『万国夢物語《ばんこくゆめものがたり》』（一七七四年）に、小人国ではツルにさらわれないよう地面に穴を掘って住む、とあることです。

ひょっとすると千島アイヌのイメージの形成にも、「御曹子島渡」にとどまらない小人国にまつわる日本由来の情報がかかわっていたのではないでしょうか。ちなみに小人が穴を掘って住むというエピソードは、プリニウス『博物誌』のなかに、小人は穴を掘って住むというアリストテレス『動物誌』の記事が紹介されています。

中世から近世のアイヌは、日本経由の奇想に満ちた物語に魅入られ、私たちが想像するよりも深くそれらを受容していたのではないでしょうか。

伝説をめぐるサハリン先住民と日本

日本の「御曹子島渡」説話の起源については、サハリンの少数民族ニヴフの海上異界譚がアイヌ経由で日本に伝えられたものではないか、という説もあります。

その根拠は、ニヴフの伝説のなかに化け物や海の支配者、陰部に歯がある女性たちなどの島々を経巡るという冒険譚があり、そのモティーフが奇怪な島々を経巡る「御曹子島渡」に類似する、という点にあるようです（丹菊二〇一二）。

このニヴフの伝承では、女人島の女は海辺の風を受けて妊娠する。立ち寄った男とのあいだに生まれた子どもは女たちが殺してしまう。立ち寄った男も殺される、とも語られるのですが、そこで注意したいのが、マゼランによる世界一周航海を記録したイタリア人ピガフェッタが、一五二二年に水先案内人から聞いた次のような話です。

大ジャヴァの下にオコロロ島という島がある。そこには女だけしか住んでいない。風がこの女たちを妊娠させる。生まれてきたのが男の子であれば殺してしまい、女の子であれば育てる。もし男がその島に近づくことがあれば、女たちに殺されてしまう、というのです。

鈴木《すずき》広光《ひろみつ》によれば、女人国で女たちが風によって妊娠するという話は、東南アジア海域で広く伝えられており、それは南宋《なんそう》の『嶺外代答《れいがいだいとう》』巻三にみえ、同趣の話はその後の『異域志《いきし》』や『三才図会』にも採られている、といいます。

さらに、生まれてきたのが男の子であれば殺してしまい、女の子であれば育てるというモティーフは、ギリシャ神話のアマゾネス伝説にみられます。

つまり、ニヴフの海上異界譚と「御曹子島渡」に同種のエピソードがみえるのは、一方から他方への伝播《でんぱ》ではなく、古代ギリシャ・ローマに起源をもつ汎世界的な伝承が、中国経由で日本とサハリンのニヴフへそれぞれ広まったことを示しているとみられるのです。

もちろん、ニヴフの伝承が、かれらと深く交流していたサハリンアイヌや北海道アイヌに受容された可能性は考えてみる必要があります。アイヌ文化は孤立的なものとみなされ、あるいは日本からの影響のみが指摘されがちですが、このような北方世界との交流に注目することは重要といえるでしょう。

小人伝説のライフヒストリー

最後に、近代に誕生した奇妙な小人伝説を紹介しておきたいとおもいます。

旭川市は明治二〇年代に和人の入植がはじまった土地です。そのため中世から和人が入りこんだ道南のような、在地で成立した和人の伝説はほとんどありません。そのなかで興味深いのは、大正時代生まれの男性入植者がコロポックル伝説を伝えていたことです。

子どものころのある夜、話し声がするので窓から外をのぞくと、身長一メートルほどの小人が五人ほど、畑のトウモロコシを食べていた。これがコロポックルにちがいない、とその後この体験をコロポックル伝説として地域の人びとに語ってきたのです。地元では、その現場もふくめて「神居《かむい》のコロポックル伝説」としてよく知られています。

とるにたらないエピソードと笑われるかもしれません。しかし、もともとは日本の伝説を取りこんで成立したアイヌの小人伝説が、およそ五〇〇年の時を経て日本の植民者の奇妙な体験と融合し、新たな位相をみせている事実、いわば伝説のライフヒストリーは、なかなか興味深いと私にはおもわれます。

アイヌが伝統文化を失っていくなか、和人の入植者にはコロポックルがリアルに息づいていた——その歴史の皮肉のなかに、ローマから北千島をつないで軽々と時間・文化・民族・国家を越境していった伝説のしたたかな力を、あらためてみるおもいがするのです。

第四章　呪術——行進する人びとと陰陽道

アイヌの呪術と日本

アイヌの呪術に、日本の陰陽道や修験道の影響、あるいはそれらに起源をもつ日本の民間信仰の影響がうかがえるといえば、みなさんは驚かれるにちがいありません。

それも当然で、過去の研究でこのような事実が指摘されたことはおそらく一度もありません。しかし私は、これらの呪術が強いケガレの観念と結びついており、そのようなケガレ観自体、アイヌが日本から受容した思想ではないかと考えています。

民俗学者の宮田登《みやたのぼる》は、日本の呪術の多くは九世紀に陰陽道の枠組みに取りこまれたものであり、陰陽道の知識抜きに民俗文化を考察できないばかりか、それは現代の私たちの深層意識にまで巨大な影をおとしている、とのべています（宮田二〇一〇）。この指摘はアイヌにも妥当する、と私はおもいます。

厄災や病気といった苦しみをとりのぞく呪術は、当時の人びとにとって科学であり、医学にほかなりませんでした。日本がそのような「先端科学」「先端医療」を中国から積極的に導入したように、アイヌもまた日本から多くの呪術を意欲的に受容したのではないでしょうか。

本章では、アイヌのケガレにまつわる呪術の実態と、その起源について考えてみたいとおもいます。

ケガレと行進呪術

まず、千島アイヌがおこなっていた奇妙な呪術についてみてみることにしましょう。

第二章「交易」でのべたように、千島アイヌは相手と直接対面せず、言葉もかわさない沈黙交易とよばれる特殊な交易をおこなっていました。このようなコミュニケーションの欠落が、かれらを異人や妖怪とみなす北海道アイヌの認識を生みだし、北千島アイヌをモデルとする小人伝説を成立させることになったとみられます。

その背景には、逃げ場のない島嶼《とうしょ》世界にあって疱瘡など病気の蔓延を強くおそれる千島アイヌの心性がかかわっていた、とのべました。そして病気などのケガレを強くおそれるかれらの心性をよく物語っているのが、次にのべる呪術なのです。

一七八八年、千島のエトロフ島に来島したロシア人商人シャバーリンらは、ほかの島から帰ってきた長老たちを地元のアイヌがどのように迎えたか、その驚くべき様子を次のように記しています。

長老たちの船が近づくと、浜辺にいたアイヌたちは槍と刀を手にし、足を高くあげ、異様な声をだして踊り歩いた。女たちもそのあとに続き、奇声をあげた。船の長老たちも刀と槍を手にもち、同じく叫び返した。船の者たちが上陸すると、すべての者が一団となり、行きつ戻りつした、というのです（『ロシア人の日本発見』）。

これとまったく同じ情景を、一八〇〇年に幕吏の近藤重蔵《こんどうじゅうぞう》らがエトロフ島で実見しています。

遠方にでかけたアイヌの首長らの船がみえると、島のアイヌは男も女も刀・槍・棒を手にする。男は「ホッ！　ホッ！」、女は「ホーイ、ホーイ」とよばわり、浜辺を力強く千鳥足で歩き、船の方に進んでいく。船の者たちも刀と槍を手にし、かけ声もはげしく船を陸に向ける。船が接岸すると下船したアイヌたちも行進をはじめる。両者が近づくと刀や棒を打ちあわせ、ときの声をあげてさっと左右に分かれる。その後、両者はおたがいの安全について語りあった、といいます（『蝦夷《えぞ》島奇観《とうきかん》』）。

この奇妙な習俗は、北海道本島では変死、火事、災害などがあった際に広くおこなわれていたケガレ祓い・悪魔祓いの行進呪術です。新しいところでは、一九二三年の関東大震災の際、東京の人びとの無事を願い、日高の平取町で行進呪術をおこなった記録があります（金田一一九六〇b）。

地方によってその名称は異なり、ウケウエホムシュ、ニウエン、ロルンペなどとよばれていました。いずれも唸り声のような呪声を発し、ドシン・ドシンと力足を踏んで魔神を

帰島する仲間を行進呪術で迎えるエトロフ島アイヌ
秦檍麿1800『蝦夷島奇観』。北海道大学附属図書館提供。

威《い》嚇《かく》する、といった意味があるようです（知里一九七三b）。

近代の胆振・日高地方で変死者がでた際などにおこなわれていた行進呪術は、次のようなものです。

まず首長か長老が先頭に立つ。男たちは刀を右手に、女たちは杖を左手にもつ。男が行進をはじめると女がこれに続き、祭壇に向かう。まっすぐ祭壇に向かうのではなく、行きつ戻りつ一定の順路をたどり、祭壇のまえに達する。そこで、魔神が退散するよう神々に呪文を唱える。これを終えるとふたたび行進をはじめる。一歩一歩、力強く地面を踏みしめながら、一歩ごとに男は刀をもつ右腕を前後に屈伸し、女も同様にする。男は「フ・オー・ホイ!」、女は「ウオーイ」と呪声をあげる、といいます（久保寺二〇〇一c）。

その作法についてはほかにも、男は右手で刀を上に向け、肩に近づけてもつ。左足を一歩踏みだし、同時に刀をもった右手を前に突きだして「ウーイ!」と叫ぶ。次に右足を踏みだし、これを繰り返す、といいます（バチェラー一九九五）。

沈黙と非接触

ただし、このような行進呪術を変死や災害のとき以外、外の世界にふれた者にまでおこなっていたのは千島アイヌだけでした。それがたとえ身内であっても、外の世界からやってくる者にたいして千島アイヌが強いおそれを抱いていたことは、次のエピソードからもうかがえます。

一七一二年、エトロフ島に大隅《おおすみ》国の船が漂着した。船員たちは浜辺のアイヌの家に迎えいれられた。すると、なかにいた二〇人ほどのアイヌの一人が腰にさした刀を抜き、船頭の首にあて、耳元でカラカラと振った。船員たちはすっかり肝をうばわれ、逃げるように船に帰った。翌朝、一三〇〜一四〇人のアイヌが船に乗りこんできて、割木で船員たちの顔面をたたいて引きあげた、というのです（『エトロフ島漂着記』）。

変死者が出た際、アイヌはその遺族を弔問《ちょうもん》し、ひたいを刀の峰などでたたいて血を流すメッカキクというケガレ祓いの呪術をおこなっていました。漂着した船員たちが顔面をたたかれたのも、このメッカキクだったのです。

しかし、外の世界からやってくる者にメッカキクをおこなった例は、やはり千島以外では聞いたことがありません。千島アイヌの沈黙交易は疫病にたいするおそれがかかわっていたとみられるのですが、かれらがおそれていたのは本質的には外の世界のケガレだったといえそうです。

ところで、アイヌのなかで沈黙交易をおこなっていたのは、記録をみるかぎり千島アイヌだけです。それはきわめて特異な習俗におもわれます。しかし次のような例をみると、それはアイヌ社会に存在したケガレの思想が、交易というかたちであらわれたものとみることもできそうです。

アイヌは変死者を忌み嫌いました。そこで、変死があったことを隣の村へ伝えにいく際、サハリンアイヌは次のような方法でそれをおこなっていました。

まず二、三人の男が刀を手にして隣の村へ向かう。近づくと「ホホホホーッ！」と声高に叫ぶ。これを聞いた隣の村の者たちが出迎える。知らせの者たちが、刀を山の方にふれば山での変死、海の方にふれば海の変死であることがわかった。そののち直接面会し、変死の状況をくわしく語りあった、というのです（千徳一九二九）。

刀を手にして隣の村に向かったというのですから、これはおそらく行進呪術の作法でおこなわれたのでしょう。「ホホホホーッ！」と叫んだのは、行進呪術でもおこなわれる呪声です。

無言で変死を知らせるのは、言葉をかわすことによって変死のケガレがおよぶという観念の存在を示しています。また、相手の村に入らず呪声で来着を知らせるのは、接触によってケガレがおよぶという観念を示しています。つまりアイヌは、ケガレは言葉と接触によって相手におよぶものであり、これを避けるには「沈黙」と「非接触」が不可欠と考えていたことになります。この「沈黙」と「非接触」の二つが、沈黙交易の本質と一致することにお気づきだとおもいます。

千島アイヌの行進呪術においても、迎える者と迎えられる者は儀式の終了までいっさい言葉をかわすことも接触することもなく、祓いの完了によってようやく面会し、安否を語りあうことができたのです。そこにも、ケガレにまつわる「沈黙」と「非接触」の思想を認めることができるのではないでしょうか。

ケガレをめぐる縄文人とアイヌ

では、このようなケガレにたいする強いおそれ、とくに死者のケガレにたいするおそれは、アイヌのなかに古くからあったものなのでしょうか。

アイヌの葬儀をみると、それはまるで死者のケガレとの戦いです。

墓穴を掘る作業はもっとも好まれない仕事です。男たちがあわただしく穴を掘っているあいだ、女たちは近くで火を燃やします。これは、善神である火の神が死者のケガレを防いでくれるからです。墓穴を掘りあげると、穴の底に足跡を残して死者の世界にひきずりこまれないよう、霊力のあるヨモギのホウキで足跡を消します。さらに、イケマという有毒の植物をまき散らし、ケガレを祓います。埋葬が終わると、参会者はけっしてふりむかず、急ぎ足で帰路につきます。墓地から離れた場所には、老人がヨモギの手草を手にして待っており、これで参会者の全身を祓い浄めるのです。

アイヌの墓には木柱が立てられます

鉤形のアイヌの墓標
余市アイヌ。河野広道1931「墓標の型式より見たるアイヌの諸系統」『蝦夷往来』4。

が、それは日本の墓地でみられる墓標とは意味が異なり、死者がその国に向かうとき手にする杖ともいわれます。アイヌは埋葬が終われば二度と墓に詣でることはなく、木柱が倒れてもなおすことはありませんでした（藤本一九七一）。

アイヌが住居を建てる際にも、死による土地のケガレの有無が大きな問題になっていました。家を建てる場所を決める際、その第一条件は狩猟・漁撈の便などではなく、そこで過去に変死がなかったか、遺体が埋められていないか、といった凶怪や不浄の有無でした。これをよくよくみきわめ、何のさしさわりもなければ、多少不便なことがあってもそこに家を建てた、といいます（『蝦夷《えぞ》生計図説《せいけいずせつ》』）。

私たち考古学の研究者からみると、このような死をめぐるアイヌの態度は、縄文時代のそれと百八十度ちがっていることに驚かされます。

縄文時代の葬制では、死者は忌み遠ざける存在ではありません。環状集落とよばれる縄文時代の村は、環のように配置された住居群の内側に墓地があります。村のなかの貝塚に死者が葬られることもありました。

また第一章「縄文」でのべたように、遺体が腐食するまで墓穴を埋めない一種の「もがり」や風葬もおこなわれていました。さらにこの伝統を受け継いだとみられるサハリンアイヌは、肉親の遺体をミイラにし、数年のあいだこれを背負って歩き、あるいは家のなかに安置して祀っていたのです。

このような死者との濃密な接触は、死者のケガレを強くおそれていた近世以降の北海道アイヌには、想像もできないことだったにちがいありません。

胡沙とはなにか

アイヌのケガレの観念の成立をめぐって、ふたたび行進呪術についてみていくことにしましょう。

行進呪術の起源が論じられたことはほとんどありませんが、それはきわめて古い歴史をもっています。最古の記録は一四世紀前半、鎌倉時代の終わりごろのアイヌの習俗を記す『諏訪大明神絵詞』にみえます。

それによれば、アイヌは戦いにのぞむ際、男は鎧兜を帯びて前に進む。女は幣《ぬさ》を手にしてあとに続き、天に向かって呪詛《じゅそ》の声をあげる、というのです。

この記事は、近代まで伝えられていた行進呪術の形式が当時すでに成立していたこと、さらにその行進呪術を日本人がアイヌ独自の習俗として認識していたことを示しています。つまりその成立は一四世紀以前にさかのぼる可能性が大きいといえます。

そこで注目されるのが、アイヌの「胡沙《こさ》」の呪術です。

「こさ吹かば　くもりもぞする　みちのくの　蝦夷には見せじ　秋の夜の月」

これは『夫木和歌抄《ふぼくわかしょう》』（一三一〇年ごろ）におさめられた西行《さいぎょう》（一一一八〜九〇年）の歌です。蝦夷（アイヌ）が吹くと、一天にわかにかき曇ったというこの「こさ」の正体をめぐって、古くから論争が繰り広げられてきました。

江戸時代には、風がはげしい北海道では胡地《こち》（中国の西方地域）の砂塵、すなわち「黄砂《こうさ》＝胡沙」が空に満ちていたことを示すという自然現象説や、胡人（中国西方の異民族）が吹く楽器「胡笳《こか》」の連想からアイヌの笛を「こさ」とよんだのではないかとする楽器説など、多くの解釈が示されてきました。

しかし「こさ」は一二世紀末以降の和歌に詠まれ、それはアイヌが口から気を吹き、霧をおこして逃げる呪術を意味していました。先の『諏訪大明神絵詞』も、アイヌは霧をおこす術をもち、この霧によって身を隠すと伝えています。そのため中世の日本では、アイヌが口から吹きだす気こそが「こさ」であると理解されていたのです。

ところが金田一京助はこれに異を唱え、「こさ」は行進呪術などで発せられるアイヌの呪声「フサ」「ホサ」の日本語訛りだったのではないか、と指摘しています。古代の日本語にはH音がなかったため、H音はK音におきかえられました。そのためアイヌの呪声フサ Husa・ホサ Hosa は、「こさ」Kosa とよばれたのではないか、というのです（金田一一九六〇b)。

行進呪術では、強く息を吹きながら呪声が発せられます。先にみた史料では「ホッ!」「フ・オー・ホイ!」「ホホホホーッ!」などと記されていましたが、「フサ」(フッサ!)もそのひとつです。そこで金田一は、和人がアイヌの行進呪術を目の当たりにした際、人びとからおめき叫ぶような「フッサ!」の呪声が発せられ、そこに霧なり雲が流れてきたとしたら、それはアイヌの吹く息からでも生じたようにおもうことがあったのではないか、と指摘しているのです。

近世に北海道を訪れた和人は、戦いのはじまりをおもわせる気迫に満ちた奇妙な行進呪術に注目しました。とりわけ耳を圧するような集団での「フッサ!」の呪声に、強烈な印象を受けたにちがいありません。それはもちろん中世や古代においても同じだったはずです。金田一の解釈はありえそうにおもわれます。

そこで興味深いのが、釧路市の八重九郎《やえくろう》エカシ(翁)が伝えていた次のような話です。

行進呪術は、沖の方から流氷が押し寄せ、コンブなどの海草に害をおよぼすとき、これを回避するためにおこなった。浜辺で刀を振りまわし、呪詛を唱えながらクマの毛皮を棒でたたき、女は手をたたきながら踊った。すると山が曇って風が吹きはじめ、流氷を沖に押しかえした、というのです。

この話で重要なのは、釧路のアイヌが行進呪術によって気象を操っていた事実です。かれらは行進呪術によって雲を発生させ、風を吹かせることができると認識していたのです。これこそまさに、気象を操る術として日本側から認識されていたアイヌの「こさ」ではないでしょうか。アイヌはほかにも津波や噴火の際に行進呪術をおこない、自然現象を操っていました。

行進呪術の成立は、アイヌの「こさ」の習俗が日本側から認識された一二世紀末より前にさかのぼる、と私は考えています。

陰陽道の行進呪術

ところで、このようなアイヌの行進呪術の実態をみるとき、これまで指摘されたことはありませんが、陰陽道の行進呪術である「反閇《へんばい》」との強い類似に驚かされます。

陰陽道とは、中国古代の陰陽五行説《いんようごぎょうせつ》にもとづく思想・学問で、祓いと鎮めの祭儀ともいわれます。斉明《さいめい》朝（六五五〜六六一年）に祭儀の原型が成立し、九世紀には各地の国衙《こくが》（国家の出先機関）に陰陽師が配置されるとともに、民間の陰陽師も多くあらわれました（篠原二〇〇四）。

呪術的な要素を強くもち、民間にも広く浸透したため、婚礼や葬礼の日どり（大安・仏

宮崎県高原町祓川神楽の十二人剣（反閇）
撮影：新田義人。

滅）、旅行や移転の方位（恵方《えほう》・鬼門《きもん》）など、陰陽道は現代の私たちの生活の細部にまで大きな影響をおよぼしているのです。

そして、この陰陽道で最重要の呪術として知られているのが、魔と戦い邪気を祓うため、大地を踏みしめ千鳥足で歩む「反閇」なのです。これは中国道教の歩行呪術である禹《う》歩《ほ》の作法を取りいれながら一〇世紀ごろに成立し（山下二〇一〇）、鎌倉時代にかけてさかんにおこなわれました（折口一九九一）。

反閇が史料にはじめてみえるのは九六〇年のことです。その年、天皇の在所である内裏《だいり》が焼失したため、陰陽師が天皇のために反閇をおこないました。反閇はその後、天皇の行幸や貴族の転居、さらには相撲などの勝負事の際に、邪気を祓って身の安全をはかる呪術としておこなわれました。それがどのようなものかといえば、陰陽師が出発する方角の門に向かって呪文を唱えながら足を引きずるように進み、依頼者である天皇や貴族はこれに続いて行進する、といいます（山下同前）。

反閇の足どりには一定の決まりがありました。両足をそろえて立った位置から、まず右足を一歩前にだす。次に左足を右足の前に一歩だす。三歩目に右足を左足の横にそろえる。次に最初の三歩の歩みを繰り返し、計九歩（九足）歩む。これを繰り返す、というのです。ほかにも三歩（三足）や五歩（五足）などの歩行法がみられます（『貞丈雑記《ていじょうざつき》』）。一歩一歩の歩幅が大きいため、踏み出しに勢いをつけなければならず、そうした歩行の不自然さが儀式としての意味づけになっていたといいます（深澤二〇一二）。

反閇がどのような雰囲気でおこなわれたのか、ひとつの例として折口信夫《おりくちしのぶ》の『死者の書』に描かれた反閇の情景をみてみましょう。

作品では、廬《いおり》のなかから郎女《いらつめ》（若い女性）が突然姿を消したことから、邪気を祓うため、ただちに反閇がおこなわれます。先頭に立つ老女が弓を手にし、その弦を鳴らして魔を祓う「鳴弦《つるうち》」の呪術をおこないながら、行進がはじまります。

「それ皆の衆――。反閇《あしぶみ》ぞ。もつと声高に――。あっし、あっし、それ、あっしあっし……。若人たちも、一人々々の心は、疾《と》くに飛んで行つてしまつて居た。唯一つの声で、警蹕《けいひつ》を発し、反閇した。あっし　あっし。あっし　あっし　あっし。狭い廬の中を踏んで廻った。脇目からは、遶道《にょうどう》する群のように。……あっし　あっし　あっし……。声は、遠くからも聞えた。大風をつき抜く様な鋭声《とごえ》が、野面《づら》に伝わる」。

人びとの「あっし！　あっし！」という耳を圧するような呪声と、戦いのはじまりをおもわせる力強い足どり。土俗的なパワーを感じさせるマジカルな反閇の雰囲気がよく伝わってきます。

共通する作法

この反閇は、邪気や魔を祓うため列をなし、千鳥足で行進する点でアイヌの行進呪術の目的と作法に合致します。行進の途中立ち止って神に呪文を唱えること、足どりに一定の作法があること、その動きにあわせて鋭い呪声をあげる点も同じです。

さらに反閇で唱えられる呪文は次のようなものでした。

「これは天帝の使者がもつ金刀であり、不祥（不吉）をも滅ぼす並の刀ではない。いくたびも鍛えた鋼の刀である。だから、これをひとたびふりおろせば、どうして鬼が走り去り、どうして病気が癒《い》えないことがあろうか。ありとあらゆる邪鬼は屈服して死亡する。天帝や太上老君《たいじょうろうくん》の命、律令の定めのように速やかに」（山下二〇一〇）。

一方、アイヌの行進呪術でのべられる呪文もこれと同じ内容なのです。「男たちが手にする刀は、神が授けた祖先伝来の宝刀である。だから、この刀で（切り倒せば）いかなる悪神といえども命がよみがえることはない」（久保寺二〇〇一c）。

アイヌの行進呪術では男は刀を手にしますが、反閇でも刀を手に行進するのが一般的です。アイヌは男が槍を、女が手草《たぐさ》を手にして行進することもありますが、反閇でも槍や幣を手にします（小坂一九九三）。さらにアイヌの場合、女はロルンペ・クワとよばれる魔祓いの杖を手にすることもありましたが、日本でも修験者がもちいる金剛杖を手に反閇を踏む民俗芸能があり、両者の関連をうかがわせます。

日高の平取町で家が火事になったときおこなわれた行進呪術では、焼死者がでた場合には刀をもつ手を北西に三度突きだし、焼死者がでなかった場合には東南へ三度突きだしたといいます（久保寺二〇〇一c）。行進呪術が特定の方角を意識しながらおこなわれていたことも反閇の作法と一致するものであり、陰陽道において重要な方角思想との関連を示していそうです。

さらに反閇もアイヌの行進呪術も、それぞれ日本とアイヌの芸能の基礎をなすものであったことが注目されます。

反閇の作法は、神楽《かぐら》・田楽《でんがく》・能《のう》など日本のさまざまな芸能のなかに伝えられてきました

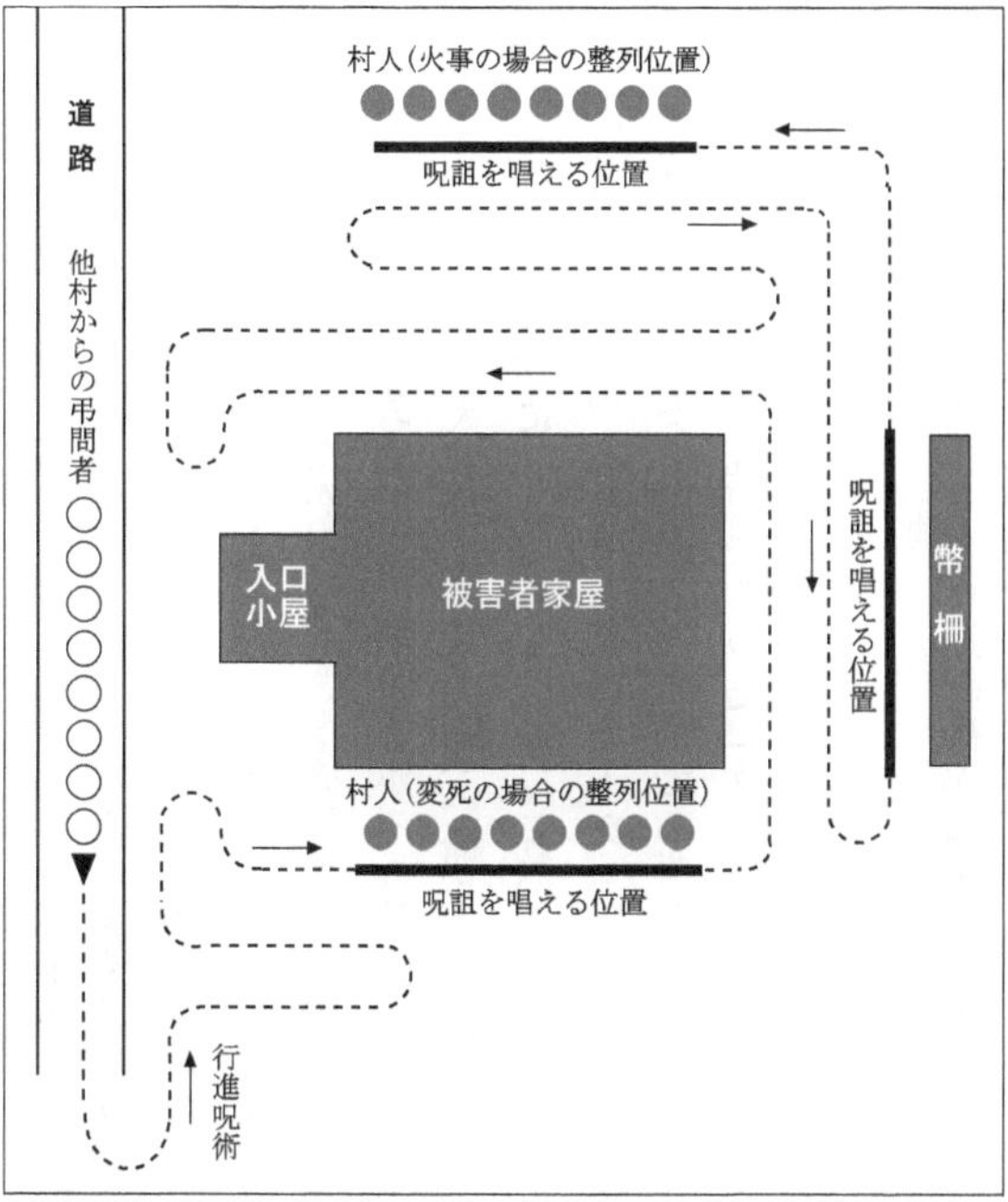

火事・変死にあたっておこなわれた行進呪術の足取り（平取町の例）
ケガレを祓い場を浄めるため、弔問者は「フォーホイ！」の呪声を発しながら刀を手に現場を千鳥に行進する。久保寺逸彦2001『アイヌ民族の宗教と儀礼』（草風館）原図を改変。

（星野一九九六）。そこで折口信夫は、日本の芸能の根底にあるのは鎮魂と反閇の二つであり、その一つあるいは二つが入っていない芸能は考えにくいとしながら、近世の芸能にどうしてこれほど反閇が深く残っているのか驚くばかりである、とのべています。

さらに舞台へでること自体、かつては反閇を踏むことに目的をもっていたのであり、舞台の下に甕《かめ》を据えて音がよく響くように工夫していたのは、それが反閇の足拍子を踏むのに適切なつくりだったからだ、と指摘しています（折口一九九一）。

一方、アイヌの芸能でも行進呪術がその基礎をなすものになっていました。

アイヌの芸能で大勢輪になって歌い踊るものをリムセといいます。知里真志保によれば、これは語源的にリム・セと分析され、リムはドシンという音、セは「〜の音を発する」の意味です。つまりリムセは「ドシンという音をたてる」というのが原義で、ほんらい行進呪術の足踏みに由来した名称であるというのです。

さらに行進呪術の呪声であった「フッサ！」の声も、サケヘ（囃子ことば）としてリムセやウポポ（座り歌）に取りいれられ、魔神を祓い、祭りの場を浄めるものとなっていました。

そこで知里は、アイヌの行進呪術がほんらいの意味を失い、しだいに酒宴の座興としてのタプカル（踏舞）やリムセ（踊り歌）になっていったのではないか、とのべているのです

（知里一九七三b）。

行進呪術の成立

このようなアイヌの行進呪術と陰陽道の反閇の類似は、たんなる他人のそら似にすぎないのでしょうか。考古学的にみれば、むしろ関係ないと考えるほうが不自然なのです。

第五章「疫病」、第六章「祭祀」でのべますが、九世紀後葉になると、東北北部には多数の陰陽師と修験者が入りこみました。そのことは、東北北部の多くの遺跡で斎串《いぐし》・檜扇《ひおうぎ》・物忌札《ものいみふだ》・形代《かたしろ》など陰陽道に関係する遺物、また錫杖《しゃくじょう》・三鈷鈴《さんこれい》など修験道に関係する遺物が出土している事実から明らかです。斎串や檜扇などは従来、律令祭祀の遺物とされてきたものですが、その大半は陰陽祓いの道具と考えられるようになってきています。また第七章「黄金」では、一〇世紀以降、北海道でも修験道に関連する遺物が出土していることから、東北北部に入りこんだ修験者が北海道へ渡った可能性を指摘しています。

この九世紀後葉以降、北海道と東北北部の交易は活発化します。交易のため東北北部へ訪れる多数のアイヌが、これら陰陽師や修験者のおこなっていた呪術を目にしたことも考えられそうです。なかには北海道へ渡海する宗教者もおり、アイヌの前でこれをおこなっていたかもしれません。おそろしくも蠱惑的《こわくてき》な呪術は、アイヌの心を強くとらえたでしょう。

そうだとすれば、アイヌの行進呪術が、東北北部へ進出した陰陽師の最新で最重要の呪術である反閇に影響を受けて成立した可能性は、考えられてよいのではないでしょうか。むしろ、青森県などに多数入りこんでいた陰陽師の呪術が、一衣帯水《いちいたいすい》の北海道にまったく影響をおよぼさなかったと考えるほうが不自然であるとおもわれます。実際、第五章「疫病」でのべるように、この反閇以外にも多数の日本の呪術がアイヌ社会に深い影響をおよぼしているのです。

アイヌの行進呪術の成立は一二世紀末以前にさかのぼるとのべましたが、それは九世紀後葉に東北北部へ入りこんだ陰陽師の影響で成立したものだったのではないでしょうか。そのような古い伝統をもつからこそ、日本側の記録に「こさ」の呪術がみえる一二世紀末には、アイヌの行進呪術が反閇と似て非なる独自の陰影を帯びたものとなっており、日本側からアイヌの特異な呪術とみなされることになったとおもわれるのです。

もちろんアイヌの行進呪術を目にした日本人は、野蛮人とみなされていた北方の異民族が陰陽道の呪術を取りいれていたことなど、想像すらできなかったにちがいありません。

ウカルの起源

最後に、この行進呪術とともによく知られているアイヌのケガレ祓いの呪術、ウカルの起源についても考えてみたいとおもいます。

近世の和人が注目したアイヌの儀式に、ケガレを帯びた者の背中を棍棒《こんぼう》（シュト）でたたき、魔を祓うウカルがあります。これは、ケガレを帯びた者のひたいを棒で打ち割るメッカキクと同種の呪術といえるものです。

ウカルは次第に芸能化し、松前藩に派遣された幕府の使者をもてなす際などに、アイヌ女性の舞とともに一種の見世物として披露されました。

それがどのようなものかといえば、まず多数のアイヌが東西に分かれる。次に、土俵入りのように東西から人がでてきて円陣を組む。四股《しこ》のような力足を踏み、飛びはねながら円陣を一周し、ふたたび東西に分かれる。その後、東西から一人ずつ力足を踏みながら進みでて、棍棒でたがいに背中を打ちあう。古くからの儀式であるウカルを、このようなかたちでアイヌが興行するのは、日本各地の祭りで相撲を興行するのと同じことである、と近世の記録は伝えています（『蝦夷草紙《えぞそうし》』）。

たしかに見世物としてのウカルは、相撲の方式にのっとったものにみえます。ウカルでおこなわれた力足の行進は、ケガレ祓いの行進呪術の方式とみられますが、相撲でおこなわれる四股も、反閇に由来することはよく知られています。ウカルが相撲の方式を取りい

小正月の祝い棒習俗（長野県栄村）
長野県教育委員会編1969『信州の民俗』第一法規出版。

れた背景にも、ひょっとすると同じ反閇に由来する親和性がかかわっていたのかもしれません。

このウカルについてアイヌ研究者の高倉新一郎《たかくらしんいちろう》は、日本の小《こ》正月《しょうがつ》の行事である「祝い棒」とかかわるものではないか、と指摘しています（高倉一九六六）。祝い棒は、南西諸島をふくむ日本列島で広くみられる習俗です。棒を手にした子どもたちが家々の壁や土間、あるいは農地などをたたいてまわり、ケガレを祓い、豊作を祈る行事です。

長野県下水内郡《しもみのち》栄村《さかえ》で現在もおこなわれている「嫁突き」の行事では、一年以内に嫁を迎えた家ではその背中を祝い棒でたたくといいます。新婦の背中や尻を棒でたたく行事は、日本各地で知られています。これは、新婦が外の世界からやってきたよそ者であり、外の世界のケガレを祓うとともに多産を祈る行事だったのでしょう。

祝い棒には表面を削ってカール状にしたケズリカケをもつものがあり（山口一九〇二）、これはアイヌのイナウと同じものであるといえます。近世アイヌのウカルの棍棒は、表面に凹凸をつけたり、鉄の鋲《びょう》を打ちつけるなどして武器のような外観をみせていますが、ウカルが一種の見世物としておこなわれる以前には、イナウが用いられていたのかもしれません。

福井県大飯《おおい》郡高浜《たかはま》町にある青海《あおうみ》神社の柴祈念《しばのみいれ》は、背中を柴の束で打ち、葉がたくさん落ちると豊作・豊漁が約束されるという呪術ですが、この柴は稲穂を芯にして束ねたものです。つまりそれは「イナボ」ともよばれるケズリカケの象徴であり、祝い棒と同じものにみえます。背中をたたいてケガレや魔を祓う呪術は、日本の民俗のなかに広く深く根を下ろしているようです。そこには、背中をたたく密教や修験道の警策《きょうさく》や禅杖《ぜんじょう》などとの関連も考えてみたくなります。

外来思想としてのケガレ

日本では九世紀後半以降、神道的なケガレ観と仏教的な殺生罪業《せっしょうざいごう》観によって、動物の殺生と肉食は忌避すべき行為とみなされました。さらに一一世紀ごろになると、殺生と肉食は否定され、狩猟は社会的に排除されていきました（原田二〇一二）。

日本の宗教者にとっては、殺生と肉食を日常とするアイヌこそがもっともケガレた存在であり、否定し排除すべき対象にほかならなかったといえます。そのアイヌが、ケガレ祓いの呪術やケガレの思想そのものを日本から受容したとすれば、それは歴史の皮肉としかいいようがありません。

ケガレという「排除」の思想とは無縁にみえる縄文的な世界観を考えるとき、アイヌのケガレ祓いの呪術やその思想に、私は強い違和感を覚えます。そしてその違和感は、日本からやってきた「外来思想」だったことに由来するのではないか、とおもわれるのです。

第五章　疫病——アイヌの疱瘡神と蘇民将来

アイヌ文化の陰影

これまで、アイヌの伝説や呪術には日本の影響、それも古代や中世の日本の影響が深く浸透していることをみてきました。アイヌはその歴史のなかで多くの日本文化を受容してきたようです。

もちろん私はアイヌの文化が借りものだといいたいのではありません。第一章「縄文」では縄文伝統を受け継ぐアイヌ文化のオリジナリティについてのべました。

江戸時代にアイヌの行進呪術をみて、自分たちが村の神楽で舞っている反閇と同じだ、と指摘した和人はいません。つまりアイヌは、受容した日本文化を自分たちのコンテクストのなかで消化し、独自の位相をもつものとして創造していたのです。そして、言葉では表現しづらいこの独自のニュアンスや色彩のようなものこそ、アイヌ文化の個性だといえるのではないでしょうか。このようなアイヌ文化の陰影を論じるためにも、アイヌの固有伝統とともに、文化融合の実態を明らかにしていく意味があるとおもわれます。

さて、呪術は人びとを苦しみや悩みから解放する一種の科学でもあったのですから、病気にかかわるアイヌの呪術のなかにも、日本の「先端医療」が取りこまれているのではないでしょうか。

アイヌがもっともおそれ、多くの呪術や伝説を残している疱瘡（天然痘《てんねんとう》）を中心に、アイヌ文化における日本文化の受容について、さらにみてみることにしましょう。

アイヌの蘇民将来

アイヌは、動物や道具のほか自然現象などについても、なんらかの役割を負って人間の世界にやってきた神の化身であると考えていました。それは病気も同じです。その病気のなかでも世界中で不治の病、悪魔の病気とおそれられてきた代表的な感染症が疱瘡です。アイヌはこの疱瘡の神を「諸病の王」とよんで恐れました（関場一八九六）。疱瘡神はアイヌの神話にも登場し、かれらの観念世界に大きな比重を占めていました。その疱瘡神の伝説には次のようなものがあります。

川を無数の船で上ってきた疱瘡神は、ある少年の叔父に食べ物を乞うた。この叔父は、しぶしぶ子鹿の前足を一本、同居する少年に命じて疱瘡神のもとへ届けさせた。これだけで足りるだろうかと心配した心優しい少年は疱瘡神から病気にかからないと約束され、けちな叔父は殺された、というのです（久保寺一九七二）。

「はて、この物語はどこかで目にしたことがあるぞ」と考えておもいだしたのが、日本の「蘇民将来《そみんしょうらい》」伝説です。

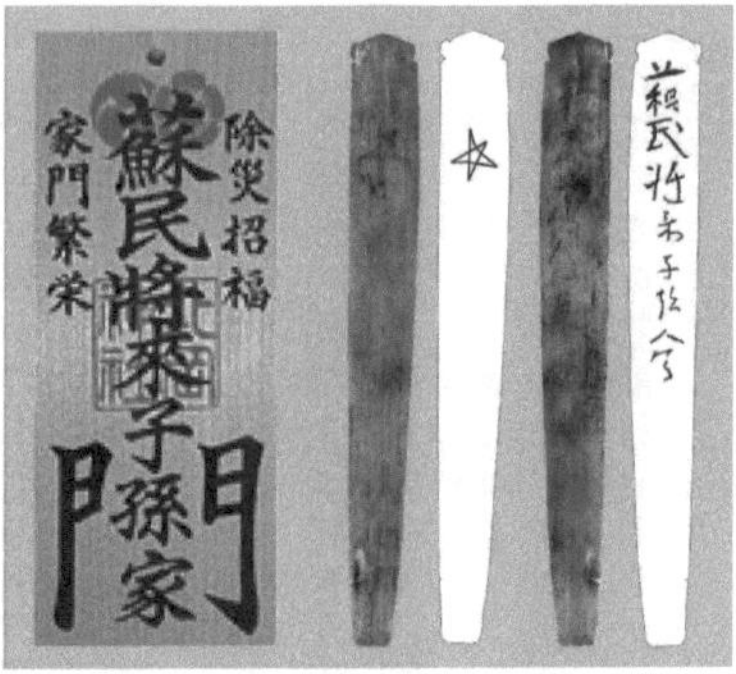

蘇民将来符

熊本県北岡神社の現代の蘇民将来符（左）。長野県千曲市東條遺跡出土の中世の蘇民将来符木簡（右）。右は長野県埋蔵文化財センターHPより。

北海道でみかける機会はあまりありませんが、本州のみなさんは、玄関に貼られた「蘇民将来子孫家」「急《きゅう》急《きゅう》如律令《にょりつりょう》」などと書かれたお札や六角柱の置物などを、一度は目にしたことがあるのではないでしょうか。これは日本で古くから伝わる蘇民将来の伝説にもとづく習俗であり、各地でおこなわれている蘇民祭や、神社の年中行事である茅《ち》の輪《わ》くぐりなども、この伝説に由来する行事なのです。

蘇民将来は、厄災を祓い疫病をのぞいて福を招く神として信仰されています。その由来となった「備後国《びんごのくに》風土記《ふどき》逸文《いつぶん》」（『釈日本紀《しゃくにほんぎ》』）の蘇民将来説話は、次のようなものです。

むかし北の海にいた武塔神《むとうのかみ》が旅をしていると、あるところですっかり日が暮れてしまった。そこには蘇民将来と将来（他の採録では「巨旦《こたん》〈小丹〉将来」などとされる）の兄弟がおり、兄の蘇民将来は貧しく、弟の将来は富んでいた。武塔神が宿を借りようとすると、弟の将来はこれを断り、蘇民将来は粟飯《あわめし》をふるまって手厚くもてなした。

その後ふたたび村にやってきた武塔神は、蘇民将来に疫病よけの茅の輪を身につけるよう命じ、その夜、弟の将来の一族を滅ぼした。そして「後世、疫病が流行ることがあっても、蘇民将来の子孫であるといい、また茅の輪を身につけていれば、それをのがれることができる」といった、というのです。

先のアイヌの疱瘡神伝説と日本の蘇民将来伝説は、疫神歓待というモティーフが共通します。では、その共通性はたんなる偶然の一致なのでしょうか。それとも両者にはなんらかの関係があるのでしょうか。

アイヌの疱瘡神について、さらにくわしくみていくことにしましょう。

海から来襲する神

疱瘡が本州から北海道へ伝わり、流行をみたのは、史料のうえでは一四七一年とされています。その後、疱瘡は全道に拡大しながらたびたび流行を繰り返しました（高倉一九四二）。近世では、田沢《たざわ》や乙部《おとべ》など道南のアイヌの多くは疱瘡や麻疹《ましん》（はしか）で死亡し、ほぼ絶えてしまったといいます（『蝦夷談筆記』）。

さらに、一七八〇年に石狩で蔓延した疱瘡によるアイヌの死者は六四七人、一八〇五年の胆振の虻田《あぶた》や幌別《ほろべつ》における流行では五〇九人、翌年の利尻島・礼文島の流行では両島でアイヌの大部分が死亡しています。ほかにも、和人との接触によって広まった麻疹・梅毒《ばいどく》・疥癬《かいせん》などの病気がアイヌ社会に壊滅的な打撃をおよぼしていました。

アイヌ人口が把握できる一九世紀代では、一八〇〇年代はじめから一八七三年の約七〇年間に、人口が二万六三五〇人から一万八六四四人へと三割も激減しており、そのおもな理由は病気と考えられています（高倉同前）。

では、「諸病の王」とおそれられた疱瘡は、アイヌにとってどのような神と認識されていたのでしょうか。

アイヌの神謡では、疱瘡神はあらゆる病気の神をひきつれ、国土の果てから果てへと巡行します。そして、この無数の仲間を乗せたおびただしい数の船とともに、沖から来襲してくるのです（久保寺一九七七）。

疱瘡神はまた、海上からやってくる鳥とも考えられています。

それは「遙か沖の方から、何鳥であろうか、今まで見たこともない鳥の群、黒雲の如く群立って飛来し」と語られます（知里一九七三a）。この鳥は、胆振地方では白鳥とされていますす（安田一九九八）。またあとでのべるように、疱瘡神とアホウドリはきわめて強い関係をもつと認識されていました。鳥として表象される疱瘡神は渡り鳥だったようです。春先に海岸にやってくる、灰色の身体で頭の頂が赤い小鳥を疱瘡神とする伝承もあります（バチェラー一九二五)。

アイヌはときどき海の悪神をおがみ、これをなだめようとすることから、かれらは疫病の神が海に住んでいると考えているようだ、といいます(同前)。疱瘡神は、海と深くむすびついた巡行する神だったのです。

疱瘡と呪術

この疱瘡神を寄せつけないため、アイヌがおこなった呪術は次のようなものです。

首長が先頭に立って海岸に向かう。見晴らしのよい小高い場所をえらび、特殊なイナウ(幣)を立て、祈禱《きとう》をおこなう。この祈禱における祭神は三つある。海からやってくる疱瘡神を集落に向かわせないよう祈るトマリコロカムイ(海の神)、集落に向かってきたら、海から上陸させないよう祈るマサラコロカムイ(海岸の神)、上陸したら、川を渡らないよう祈るチワシコロカムイ(河口の神)である、といいます(満岡二〇〇三)。

アイヌのユーカラでは、多数の船でおしよせる疱瘡神を迎えうつため、「私にかわってこの村を守ってください」といいながら、ヨモギでつくった草人形《くさひとかた》とイナウを海岸にならべます(金田一一九二五)。

疱瘡が流行すると、胆振地方では家の屋根にササの葉でつくった手草《たぐさ》を立てました(知里一九七三a)。これは手草を高い位置にかかげ、海上からやってくる疱瘡神を避けるためでしょう。

疱瘡が流行すると、集落ごと山奥に避難することもしばしばありました。疱瘡神に避難先をさとられないよう足跡を残さず、舟で川をさかのぼって移動したといいます(満岡同前)。ほかにも疱瘡神を追いだすため行進呪術がおこなわれました。村人が集まって列をなし、毒のある魔除けのイケマ(ガガイモ科の植物)をかんで吐きちらしながら、刀をかざして大声でうなって集落を練りあるく、というものです。

ちなみに行進呪術がおこなわれたのは疱瘡の場合だけではありません。アイヌは、結核の神は家の炉鉤《ろかぎ》に住みついており、結核の「もと」を煮炊きする鍋におとすと考えていました。そこで結核患者がでた家では、この結核の神を撃退するため、ある日、不意をついて炉鉤を吊るす縄を切りおとします。さらに炉鉤を屋外で打ち砕き、再生できないようばらまきます。

その後、家のなかを浄めるため塩または灰をまきます。さらにイケマの根を口にふくんで「フッサ! フッサ!」と呪声をあげながら吐きちらし、手草で浄めました。これは炉の左右に二名ずつ分かれておこない、奥の神窓《かみまど》(入口反対側の上座側の窓で、神々が出入りする)から反対側の戸口に向かって手草で浄めていきました。同時に家の外でも二名ずつ左右に分かれ、神窓から戸口に向かって「フッサ！」と唱えながら手草で浄めました（木下一九八三）。これは行進呪術の作法でおこなわれたのでしょう。

日本の民間信仰との関係

このような、アイヌの疱瘡神にかんする観念や呪術には、日本の疱瘡神の習俗と共通性がみられます。

まず、疱瘡神が船に乗って海上からやってくるという観念自体、両者に共通するものです。日本における疱瘡の流行は、七三〇年代以降のことであり、いずれも北九州の太宰府《だざいふ》から拡大していったことから（『続日本紀《しょくにほんぎ》』）、遣唐使などによって中国や朝鮮半島から伝わったとみられています。つまり日本もアイヌの場合も、疱瘡はもともと海の向こうからやってきたのですから、同様な観念がそれぞれ別個に生みだされた可能性はあるかもしれません。

しかしそれ以外にも、疱瘡神を避けるため草人形を用いる習俗は、日本の民間信仰でもみられます。疱瘡送り・疱瘡流し・人形送りなどとよばれるこの習俗は、ワラでつくった人形に疱瘡神をよりつかせ、川や海に流すもので、静岡県西部などではこの人形を船にのせて送りだしましたが（大島二〇〇八）、アイヌの場合も、疱瘡神を村からでていかせるた

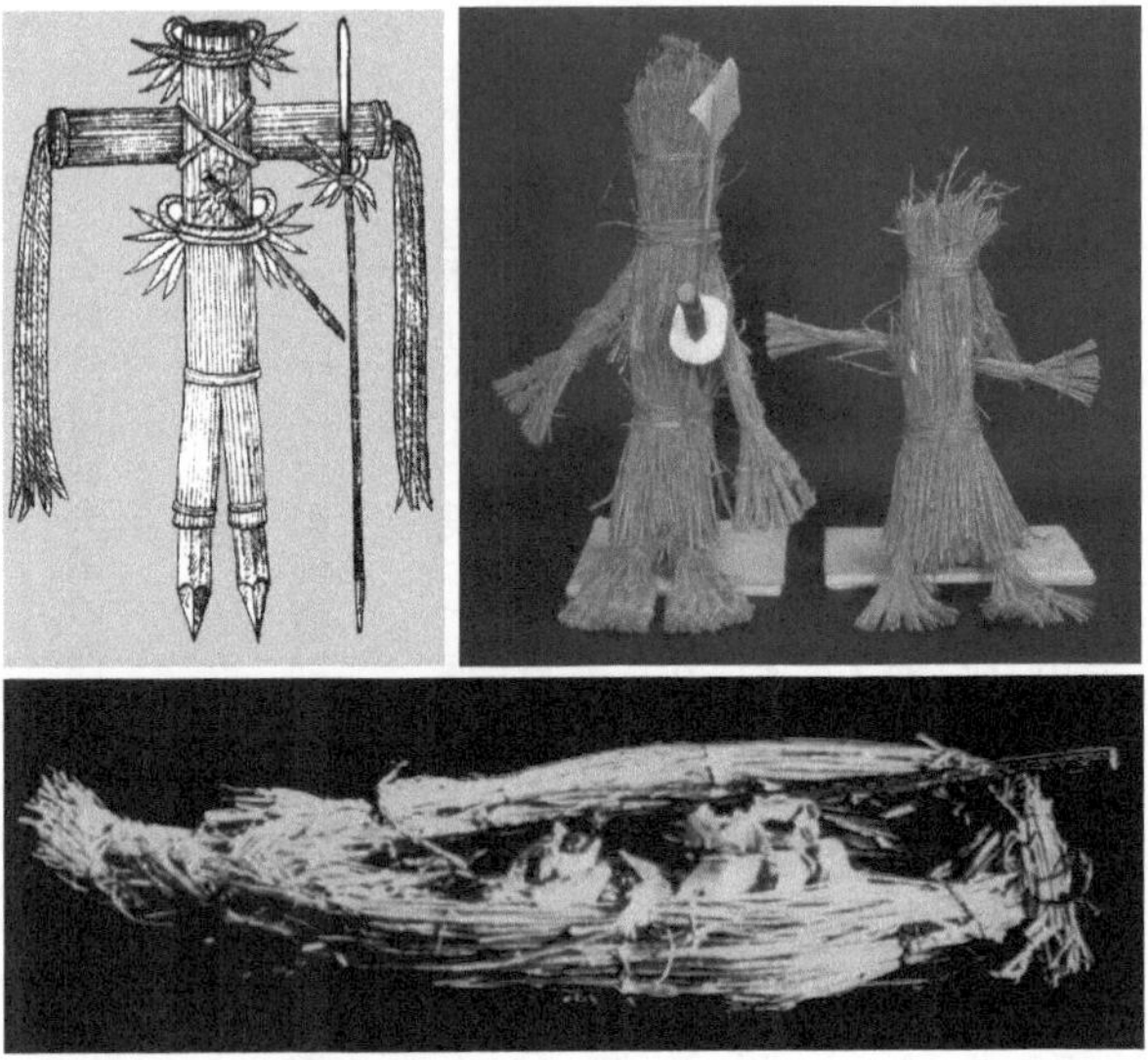

疱瘡神除けの草人形と疱瘡神流しの船

アイヌの疱瘡神除けの草人形（上左）と日本の疫神除けのワラ人形（上右）。疱瘡神をでていかせるため食べ物を積んで流したアイヌの草の船（下）。上左：久保寺逸彦2001『アイヌ民族の宗教と儀礼』草風館。上右：遠野市立博物館編1999『藁のちから』。下：マンロー2002『アイヌの信仰とその儀式』国書刊行会。

め食物を積んだ草の船を流していました（マンロー二〇〇二）。そもそも刀を腰にさし槍を手にしたアイヌの草人形と、日本で疱瘡神送りなど疫病除けに用いられるワラ人形は、まったく同じものなのです。

胆振のアイヌは、強烈なにおいを発するギョウジャニンニクと、体中にトゲをもつハリセンボンを食べると、疱瘡神を避けることができると信じていました（久保寺一九六五)。道東の美幌では、刻んで干したギョウジャニンニクを燃やし、そのにおいで疱瘡神をよせつけないようにしていました(川村純一二〇〇六)。さらに、感染症が流行すると、においが強いエンジュの木でつくったイナウを病気に襲われた村に一番近い村の端に立てました(バチェラー一九九五)。

つまりアイヌは、においが強いものによって疱瘡神を避けることができる、と考えていたのです。ウサギの頭や前足、ハリセンボンを入口や窓に吊しておくことも、疱瘡を避けるうえで効果があると信じられていました(同前)。

実は、疫病神を避けるためさまざまな呪物を軒先や門にかかげるまじないは日本でもみられます。アイヌと同様、においの強いニンニクやトゲをもつハリセンボンが呪物となっており、イノシシやサルなどの動物の手首や足首も吊るされていました(大島同前)。さらにウサギは日本でも魔除けとして疱瘡絵に登場するキャラクターなのです(ローテルムンド一九九五)。

ところで日高の様似《さまに》では、交易所に詰めていた和人が疱瘡神を送りだすため、次のような呪術をおこなった記録があります(一八五七年)。それによれば、海上に二艘の船を浮かべ、一艘ではにぎやかに太鼓をたたき、もう一艘には赤い布をまとわせた草人形をのせた。草人形は疱瘡神をよりつかせるものであり、太鼓をにぎやかにたたくのは疱瘡神を走ってでていかせるためである。疱瘡を病む子どもが抱かれて海岸にやってくると、船では鉄砲が打ち鳴らされ、草人形は粉砕され海に捨てられた、といいます（『協和私《きょうわし》役《えき》』）。

草人形に赤い布をまとわせていたのは、日本で疱瘡の子どもに赤い着物をきせ、身のまわりのものすべてを赤色にした習俗を示しています。赤色は疱瘡が軽くすむことを約束してくれる色であり、疱瘡患者にかかわるあらゆるものに赤色が必須とされました（ローテルムンド同前）。

また、疱瘡神を送りだすため、にぎやかに太鼓をたたき、鉄砲を打ち鳴らしたのは、日本の疱瘡神送りで太鼓や三味線をにぎやかに打ち鳴らし、疱瘡踊りなどがおこなわれた習俗を示しています（同前）。

このような日本の疱瘡神にまつわる習俗を身近に見聞するなかで、アイヌが影響を受けたことは十分に考えられそうです。

疱瘡神伝説の諸相

アイヌの疱瘡神伝説には、この章の冒頭に紹介したもののほか、さまざまなパターンがみられます。

ある村に、水玉文様の小袖を着た無数の疱瘡神を乗せた船が来襲する。この水玉文様は疱瘡神の文様であった。疱瘡神は、かれの血筋をもつ村の首長だけは救ってやろうと、あらかじめ首長に、水玉文様の酒器をみずからのまえにならべておくよう忠告する。疱瘡によって村人は死に絶えたが、首長だけが生き残る。この仕打ちに怒った首長は、住居の宝壇においてあった水玉文様の羽のついた棒を二本手にし、海辺でこれをはげしくあおぎたてた。空中に舞い上がった首長は疱瘡神の世界にいたった。首長は疱瘡神と交渉し、村人の魂を帰させることに成功した。その後、首長は羽のついた棒をあおぎたて、下界におりたった、というのです（久保寺一九七二）。

首長が羽のついた棒を手にして舞い上がったのは、かれが鳥となったことを意味しているのでしょう。これは疱瘡神を鳥とする観念に由来するにちがいありません。水玉文様は、全身に膿疱《のうほう》が生じる疱瘡の症状からの連想とみられます。

ほかにも次のような伝説があります。

海辺の地方でおそれられている疱瘡神も、山奥に入るとそれほどおそれられていない。たとえば道北の名寄《なよろ》のアイヌは、昔から疱瘡にはかからないことになっている。それは次のような理由である。疱瘡神は日本海側から天塩川をさかのぼり、名寄川に沿ってオホーツク海側の北見《きたみ》へ往復していた。そこで疱瘡神は「いつも通る道だから、途中の名寄のアイヌのところは避けていく。心配するな」と夢の中で教えてくれた。そのため名寄のアイヌがほかの地方へいき、疱瘡が流行しても、名寄の者だと疱瘡神にいえば病気にかからないことになっている、というのです（佐藤一九八五）。

これらの伝説に共通するのは、疱瘡神の血をひく者や、疱瘡神と意を通じた者は罹病《りびょう》を免れるという観念です。これは、日本で玄関などに「蘇民将来子孫家」と書いた呪符を貼る、疱瘡神など疫神を避ける観念と共通するものといえるでしょう。

登別《のぼりべつ》では、疱瘡が流行すると屋根に手草を立て、次のように疱瘡神に唱えました。

「私どもは鳥の血をひく（疱瘡神の）イヤプ翁の子孫でございます。どうぞ、他人だと思わないで下さいよ」（知里一九七三b）。

アイヌの疱瘡神の観念や呪術は、日本のそれから多くを取りいれたものだったのではないでしょうか。

アイヌの疱瘡神は、諸病の王としてあらゆる病気の神をひきつれ、船で来襲するといいましたが、そのこととかかわって興味深いのが、奥三河《おくみかわ》の花祭において唱えられる祭文《さいもん》「牛頭天王《ごずてんのう》島渡り」です。この牛頭天王は疫病の神として恐れられ、蘇民将来説話の武塔神と同一視されています。京都の八坂《やさか》神社は牛頭天王信仰の総本社でした。その祭文には次のようにみえます。

「有時牛頭天王思し召れよふは、いざや日本の地へ渡らんとの給へて、桑の木にて舟を作り立。よものけんぞく八万四千神《はちまんしせん》を、舟に引のせて日本の地へ渡り給ふとき……」（山本一九九四）。

牛頭天王が無数の疫病の神を率いて船でやってきたということの認識も、アイヌの疱瘡神伝説と蘇民将来伝説の関係を物語るものとおもわれます。ちなみに、蘇民将来伝説は朝鮮半島の伝説に由来する可能性も指摘されています（川村湊二〇〇七）。そうだとすれば、これもまたアイヌの伝説世界にうかがわれるグローバル性といえるでしょう。

伝説の成立はいつか

日本における蘇民将来伝説の成立は、一般に平安時代中期～後期と考えられてきましたが（宮本二〇〇〇）、京都府の長岡京《ながおかきよう》（七八四～七九四年）跡から蘇民将来札が出土していますので、実際には八世紀以前にさかのぼる、きわめて古い習俗だったようです。

ただしアイヌ社会で疱瘡が流行したのは一五世紀後葉以降とされていますから、アイヌの疱瘡神観念の成立は、さらに古くさかのぼる可能性はあるものの、一五世紀後葉以降のことではなかったかとおもわれます。

ところが、たいへん興味深いことに、この疱瘡神はアイヌの国造り神話にも登場するのです。

国造りの神は、ヤナギの木の火きり臼《うす》と火きり杵《きね》をこすりあわせた。そのとき生じた白い木の粉は疱瘡神となり、黒い粉はアホウドリの神となった。また火きり臼は妖魔に、火きり杵は湿地の魔女になった。しかし結局火はつかなかった。次にハルニレの木で火をおこしてみると、白い粉からは狩猟の神、黒い粉からは山の神が生まれ、臼はイナウの神、杵はヘビの神になって火も燃えはじめた、といいます。

また一説には、ヤナギ（ドロノキ）の木の白い粉からは精神を冒す疫神《えきじん》が生まれ、黒い粉からは疱瘡神が生まれたが、そのなかの黒い大きな粉が海中に落ちてアホウドリの神になった、といいます（名取一九七四）。

これらの神話から、疱瘡神が渡り鳥であるアホウドリと起源を一にすると認識されていたことがわかります。

アイヌは、アホウドリの頭骨を疫病（疱瘡）除けの呪具としていました。その頭骨は神聖なケズリカケで包み、宝物とともに保管しました。アホウドリの頭骨をお守りとして礼拝していた理由についてアイヌは、頭骨の放つ悪臭を疫神が嫌っていたからだと説明しています。しかし頭骨を宝壇に祀って礼拝すること、つまりアホウドリを歓待することによって疱瘡神に意を通じ、疱瘡を避けられると認識していたのではないでしょうか。

いずれにしても、この国造り神話のパターンが成立したのは、一五世紀後葉以降の可能性があるのです。

アイヌの草の輪くぐり

病気にまつわるアイヌの呪術は、この疱瘡神以外にも日本の習俗の影響を強く受けたものがあると私は考えています。そこで次にアイヌの草の輪くぐりの呪術をみてみましょう。

アイヌは、憑きものの患者がでると次のような呪術をおこないました。

まず患者を川岸に連れていき、川上に向かって立たせる。次に「フッサ！」と唱えながら、トゲのある木でつくった手草で全身をたたく。患者は悲鳴をあげるが、その悲鳴こそは病魔の悲鳴であると考えられていたので、かまわず力一杯打ちすえる。

それが終わると、患者を川のなかに連れていき、川上から川下へ、川下から川上へ六回ずつ、水音をバチャバチャさせながら往復させる。次に、ススキやヨモギでつくった大きな草の束を逆V字状にし、地面に六基立ててならべる。このアーチに火をつけ、燃えさかるなかを、患者を上流側から下流側へ六回、下流側から上流側へ六回くぐらせる（木下一九八三）。

この六という数字は、アイヌの聖数とされているものです。また患者に川のなかを往復させる際、水音がバチャバチャするよう歩かせたというのですから、これは行進呪術の作法でおこなったのでしょう。

また、胆振のむかわ町で第二次世界大戦前後におこなわれたキツネ憑きの祓いは、次のようなものでした。

疫病除けにおこなわれる日本の茅の輪くぐりの神事とアイヌの草の輪くぐり
上：富士浅間神社（名古屋市西区）。下：マンロー2002『アイヌの信仰とその儀式』国書刊行会。

コックリさんをしていた若者がキツネ憑きになった。病院にいっても、寺でのお祓いも効果がなかったので、エカシ（長老）にたのんで祓いをおこなった。まず、オオイタドリの枯れ木を束ね、三角のアーチを七基つくる。そのアーチを直線上に一定の間隔でならべ、アーチの下では火を燃やす。病人はこのアーチを順にくぐっていくが、それぞれのアーチには三人ずつ手草を手にした者が立っており、「フッサ」の呪声をあげながら病人を手草でたたいて祓う。すると病人は、その晩には正気に戻った（甲地二〇一〇）。

この草の輪くぐりの呪術は、六月の大祓《おおはらえ》の際、疫病を避けるため日本各地の神社でおこなわれている茅《ち》の輪くぐりをおもわせます。これは蘇民将来伝説に由来する行事で、茅《かや》でつくった大きな輪を地面に立て、左まわり、右まわりと8の字に三回ずつ回ってケガレを祓うものです。輪をくぐるのに一定の動きと繰り返しの回数が定められている点が両者に共通します。

大阪天満宮で現在でもおこなわれている茅の輪くぐりでは、参道沿いに七基の茅の輪を設置し、これを次々くぐらせます。麻疹を軽くすませるため、古くは七つの橋の下をくぐらせる呪術もおこなわれていました（ローテルムンド一九九五）。これはアイヌの草の輪くぐりとよく似ています。

日本の茅の輪くぐりでは円形の茅の輪が多くみられますが、名古屋市西区の富士浅間《せんげん》神社などのように、アイヌの草の輪と同じ三角のアーチに組む例もみられます。またアイヌの草の輪くぐりが河原でおこなわれていた事実は、陰陽師が河原でおこなっていた河臨《かりんの》祓《はらえ》などとの関係もうかがわせます。

アイヌの草の輪くぐりの起源が日本に求められるのはまちがいなさそうです。

鉤の呪具

次にみてみたいのは、奇妙な鉤のかたちをしたアイヌの呪具です。

二股になった小枝を鉤状に加工した、ポタラナウケプという呪具があります。これは小指くらいの太さの、二股に分かれたドスナラの木の枝を、一〇センチメートルくらいの長さに切ったものです。これを両手に一本ずつもち、まじないの言葉を唱えながら顔面神経麻痺の患者の曲がった口もとにあて、口を正常な位置にもどすようにひっぱって治療をおこなうのです（萱野一九七八）。

この習俗で注意されるのは、日本でも鉤状の呪具を口もとにあて、用いたとみられる呪術があったことです。それはカギボトケやベロベロノカギなどとよばれており、そもそもは猟の吉凶などを占う呪具であったカギボトケが、その後、子どもの遊戯となってベロベロノカギとよばれるようになった、と考えられています。

民俗学者の柳田国男《やなぎたくにお》は、この鉤状の呪具の用い方について次のようにのべています。

「樹の鉤によって、鉤占《かぎうら》を行ふ時に、その執物《とりもの》の上端を術者の口の前に持って来て回す作法があった為に、之をベロベロと名づけたかといふことである」（柳田一九六三b）。

つまり、この鉤の呪具を口につけて回すという作法があったために、ベロベロノカギの名がおこったのではないか、というのです。これをベロベロノカギとよぶのは、東北一帯から関東・中部地方、さらに近畿地方におよんでいます。

岩手県では、オシラサマを両手でもみ、「ベロベロのかぎは尊いかぎで云々」と唱え、その年の吉凶を占います（国立歴史民俗博物館民俗語彙データベース）。オシラサマとは東北地方で信仰されている家の神・子どもの守り神で、その神体は棒の先に男女の顔などを描き、布きれの衣服を着せたものです。カギボトケの一端に顔を彫り、衣服を着せたものもオシラサマとよばれています（柳田一九六二）。このような鉤状の木の人形をご神体とする習俗は、山の神信仰にともなって日本各地でみられます。

興味深いことにサハリンアイヌの呪具にも、このような鉤の一端に人面を彫り、布をまきつけて衣服とした人形がみられるのです（東京国立博物館蔵「セニシ」）。これは東北地方のカギボトケやオシラサマそのものにみえます。いずれ

アイヌの鉤の呪具「ポタラナウケプ」
萱野茂1978『アイヌの民具』すずさわ書店。

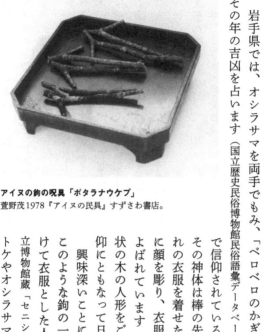

にせよアイヌにとっても鉤の木は呪術的な意味をもつものだったようですが、そうするとアイヌの墓標（杖）にみられる鉤状のものなども、それらとなんらかの関係があるのかもしれません。

ところで第六章「祭祀」では、アイヌの祭儀の形成と日本の山の神信仰的な祭祀とのかかわりについてのべますが、その山の神信仰では先にのべた鉤状のご神体のほか、鉤状の木が重要な呪具になっていました。

たとえば秋田県河辺郡《かわべ》（現・秋田市）の山の神祭りでは、山仕事にたずさわる者がはじめて山に入る際、木の鉤とケズリカケを用意し、山中の木に鉤をかけ、その根元にケズリカケを打ちこみました。このような習俗は各地で記録されています（松崎一九八五）。

人形への恐れ

縄文文化といえば土偶をおもいうかべる方も多いのではないでしょうか。北海道から九州まで二万点を超える土偶が発見されており、祈りや願いを託した多様な人形からは当時の人びとの息づかいが伝わってきます。

しかし、意外におもわれるかもしれませんが、近世の北海道アイヌは基本的に人形をつくりませんでした。これは、人形に魂がのりうつるといって強くおそれていたためです。

サハリンアイヌはニポポとよばれるオシラサマに似た木の人形をつくり、子どものお守りとして生涯大切にしました。先にのべたように、鉤状の枝の一端に顔を刻んだ呪具もつくっていました。また北千島アイヌにも木の仮面や人形をつくる習俗があったようです（鳥居一八九九）。北海道本島以外のアイヌは、人形をつくることにおそれを抱いていませんでした。

人形にたいする北海道アイヌの強い恐怖は、周辺の民族をみわたしても、かなり特殊なものだったということになります。

北海道からサハリンへ移住がはじまったのは一一世紀前後、北千島への移住は一五世紀のことです。北海道本島のアイヌのなかで人形へのおそれが生じたのは、これらの分離以降、つまり一五世紀以降と考えられるのではないでしょうか。

実は、北海道本島のアイヌが人形をまったくつくらなかったわけではありません。それは疱瘡神と戦わせ、その依代《よりしろ》とする草人形です。これは手草にも用いられる霊力のあるヨモギで製作しましたが、強い呪力をもつおそろしい神であることから、やたらにつくることとは禁じられていました。

この草人形が、本州で疱瘡神送りに用いられるワラ人形とまったく同じものであることは先にのべました。北海道アイヌが人形を強くおそれ、草人形以外これをつくらず、さらにその草人形も疱瘡除け以外につくらなかった背景には、疱瘡とむすびついたワラ人形の習俗が本州から伝来するなかで、アイヌの人形がもっともおそろしい病気である疱瘡を避ける草人形へと特化・集約されていった、という事態が想定できるかもしれません。サハリンアイヌや北千島アイヌの木の人形（呪具）は、このような疱瘡神に特化した草人形以前の習俗として、辺境に残存したものだったのではないでしょうか。

疱瘡をはじめとするおそろしい病気は、私たちがおもう以上にアイヌの日常に巨大な不安としての影を落とし、社会的な行動を規定し、かれらの観念世界に大きな位置を占めていました。疫病にかかわる呪術は、アイヌがこの社会的な不安にどのように立ち向かおうとしていたのか、そしてその背後に日本とどのような知の交流があったのかを知りうる、積極的な意味をもつ問題であるとおもわれます。

病気をめぐるアイヌの歴史も奥が深い、といえるのではないでしょうか。

第六章　祭祀——狩猟民と山の神の農耕儀礼

カムイと神

アイヌ語のなかに日本語からの借用語は多くない、と第一章「縄文」でのべました。ところが祭儀にかんする語彙については、例外的に多くが古代日本語からの借用語なのです。

それは、カムイ（神）・タマ（魂）・ノミ（祈《の》む）・オンカミ（拝み）といった神観念にかかわるものから、ヌサ（幣）・タクサ（手草）・シトキ（粢）・カムタチ（かむたち＝麹《こうじ》）といった祭具・神饌《しんせん》（神への供え物）にまでおよんでいます。

アイヌのタクサは、ヨモギやササを束ねてケガレを祓うものですが、金田一京助は「是はまがふ方なき日本語で、鈿女命《うずめのみこと》が手に持った笹葉の手草に外ならぬ」とのべています（金田一一九二五）。アイヌの神饌であるシトキは、日本の粢《しとぎ》と同様、水に浸した生米や雑穀をつき砕いて粉にし、円盤状に整形した団子で、古辞書の『色葉字類抄《いろはじるいしょう》』に「祭餅也《さいべい》」とあるように、日本では古代から神饌となっていました。

そこで言語学者の中川裕は、アイヌ社会には「神」といった言葉や祭具だけでなく、古代日本の宗教儀礼そのものが入ってきたのではないか、とのべています（中川二〇一〇）。これはアイヌ文化の研究者に共通の認識であり、定説といってよいかもしれません。

では、アイヌ社会に深い影響をおよぼした日本の宗教は、具体的にどのようなものだったのでしょうか。残念ながら、そうした研究はほとんどありません。

アイヌの祭祀と古代日本

このような日本の宗教儀礼がアイヌ社会へ波及したのは、いつごろのことなのでしょうか。

「祈む」といった言葉が『古事記』や『万葉集』などにみられることからすれば、それは古代でもかなり古い時代に限定されるにちがいありません。さらに、信仰という精神文化の中核的な概念や形式が受容されるにあたっては、たんなる「伝播」や「波及」といった間接的な影響にとどまらない、古代日本の祭儀文化をもつ集団との、直接的で濃密な交流が想定されなければならないはずです。

では、古代のアイヌ社会においてそのような事態は想定できるのでしょうか。

さらに、アイヌの祭儀では神に祈りの言葉を伝えるイナウ（ケズリカケ）とイクパスイ（捧酒箸《ほうしゅばし》）の二つが重要な祭具となっていましたが、近年の発掘調査によって、この二つがすでに一〇世紀には出現していたことが明らかになっています。

祭具をふくむアイヌの祭儀が古代日本の影響を強く受けたものだったとすれば、その起源が古代にさかのぼるイナウとイクパスイもまた、日本から伝来した祭具と考えるのが自然ではないでしょうか。

では、イナウとイクパスイを祭具とする日本の祭儀とはいったいどのようなものであり、それは日本の民俗誌のなかにたどることができるものなのでしょうか。

本章ではこの二つの問題を通して、アイヌの祭祀がどのように形成されてきたのか考えてみたいとおもいます。

東北北部からの移民

七世紀後葉から九世紀にかけて、本州の東北北部太平洋側から北海道の札幌・江別・恵庭・千歳市など、いわゆる石狩低地帯へ移住してきた人びとがいました。

千歳市祝梅三角山《しゅくばいさんかくやま》D遺跡など移住者の集落と推定される遺跡をみると、その住居はコメや雑穀調理用のカマドをもつ当時の本州農耕民の竪穴住居そのものです。江別市後藤《ごとう》遺跡や札幌市北海道大学構内などでは、直径五〜一〇メートルの円形に溝をめぐらせ、その内側に棺を置き、土を盛りあげた移住者の墓もみつかっています。これは当時の東北北部でおこなわれていた、古墳の流れをくむ墓制です。さらにこれら移住者の住居や墓からは、北海道の土器とは異なる本州の須恵器《すえき》や土師器《はじき》、さらに鉄製の農具がみつかります。移住者はアイヌと同じ地域で暮らしており、両者は敵対的な関係ではありませんでした。

このような遺跡や遺構を残した人びとが、本州からの移民だったのか、あるいは本州の文化を摂取した古代アイヌだったのか、評価は分かれていました。しかし近年では、移民懐疑派だった東北北部の考古学研究者もふくめて、移民の数が北海道のアイヌを上回るような規模だったとは考えられないにせよ、移民自体があったことは定説になっています（松本二〇〇六）。

アイヌの農耕
山本三生編1930『日本地理大系』10　改造社。

序章でのべたように私も、移民は大規模なものでなく、最終的にかれらはアイヌに同化されたと考えています。移民の数は数十人レベルでは少なく、数千人レベルでは多すぎるので、おおよそ数百人レベルということになるのではないでしょうか。

移住者の土器の特徴から、かれらは青森や岩手の太平洋沿岸からやってきた人びとであり、まず苫小牧など石狩低地帯の太平洋側に上陸し、江別や札幌など日本海側へ進出していったと考えられています。

第一章「縄文」では、この石狩低地帯の太平洋側には

「ペツ」地名グループが、日本海側には「ナイ」地名グループが展開しており、このうち太平洋側の「ペツ」地名グループが中心になって青森や岩手の太平洋沿岸の人びとと交易していた、とのべました。移住者がまず石狩低地帯の太平洋側に進出したのは、このような「ペツ」地名グループとの深い関係にもとづくものだったのでしょう。

移住の目的は、第二章「交易」でのべた七世紀後葉の阿倍比羅夫の北海道遠征にかかわるものだったと私は考えていますが、くわしくは拙著『アイヌの世界』（講談社選書メチエ）を参照してください。

本州からの移住がはじまった七世紀後葉以降の古代アイヌの文化を、考古学では擦文文化とよびますが、成立期の擦文文化は、移住者の土師器とうりふたつの土器、移住者の住居とうりふたつの住居が特徴的です。つまり擦文文化の成立とは、移住者からの強い文化的影響を意味しているのです。

移住者がもたらした影響のなかでも、とくに大きな意義をもつのは農耕です。擦文文化になると、コメをのぞくアワ・ヒエ・キビ・コムギ・オオムギ・ソバなど雑穀類が各地で活発に栽培されるようになりました。擦文文化の特徴は半農半猟の生業にあるといっても過言ではありません。このことは、移住者が東北北部でおこなっていた雑穀栽培の技術や、種子・農具といった農耕文化そのものを伝えたことを示しています。

また、擦文文化になると紡錘車《ぼうすいしゃ》とよばれる糸つむぎの道具が各地で出土するようになります。これも本州から伝わったもので、古代のアイヌは移住者から紡織技術を受容したのです。

つまり古代のアイヌは、移住者を通じて古代日本文化そのものを受容したとみられるのですが、そのような全面的な文化の受容をもたらしたのは、北海道における移住者との直接的で濃密な交流だったのです。

移民と祭祀

ところで、先の千歳市祝梅三角山D遺跡や同丸子山《まるこやま》遺跡のほか札幌市H519遺跡、同C504遺跡などでは、土製勾玉《まがたま》と土玉《どだま》がみつかっています。これらは本州では祭具と考えられているものです。この事実は、移住者が古代日本の祭祀を身につけた人びとであり、その祭祀を移住先の北海道でもおこなっていたことを示しています。

移民を通じて古代日本文化そのものを受容したアイヌが、祭祀に限ってはその影響を受けなかったとは考えられません。すでにのべたように、アイヌが古代日本の宗教儀礼そのものを受容したことについては、祭祀用語からみて定説となっています。

カムイ（神）・タマ（魂）・ノミ（祈む）・オンカミ（拝み）・ヌサ（幣）・タクサ（手草）・シト

キ（粢）・カムタチ（かむたち）といった観念や祭具・神饌の多くは、本州から移住がおこなわれた七世紀後葉～九世紀のあいだに、移民を通じて受容されたと考えてよいのではないでしょうか。

実際、アイヌが日本文化を担った集団と濃密に入りまじって暮らす状況は、この時期をのぞけば北海道開拓がはじまる明治時代になるまでみられません。

一五世紀以降、多くの和人が本州から移住してきました。しかし、かれらは道南の渡島半島南部にコロニーをつくり、基本的にアイヌと混住はしませんでした。江戸時代になると各地に和人の金掘りが入りこみ、和人商人が各地に漁場を設けるなど、和人との直接的な交流が活発になります。しかし、日本文化の圧倒的な受容と伝統文化の変容という劇的な転換は、やはり明治時代に圧倒的多数の和人集団が各地に入りこんでからのことなのです。

古代北海道への移住者は東北北部太平洋側の人びとでした。そうすると、かれらは王権の側からエミシとよばれていた人びとだったことになります。エミシは日本からみて異民族的な集団だったと考えられがちですが、アイヌが受容した祭祀・語彙・農耕などの文化から考えるかぎり、移住者は古代日本文化そのものを担い、古代日本語を話していた人びとだったことになります。

この移住は九世紀代には途絶えました。そしてそれ以降、擦文文化の土器は表面を複雑な文様で飾り、移民が用いていた土師器とはまったく異なる、縄文土器への先祖返りともいえるような様相をみせるようになります。そのため移民はアイヌに同化してしまったと考えられています。移民たちによって縄文語の伝統を受け継ぐアイヌ語が日本語に取りこまれてしまうことはなかったのですから、移民の数は在地のアイヌ人口を凌駕《りょうが》するようなものではなかったのでしょう。

イナウ

古代のアイヌが日本の祭儀を受容したとすれば、それは具体的にどのようなものだったのでしょうか。

アイヌの祭儀で欠くことができないのはイナウ（ケズリカケ）とイクパスイ（捧酒箸）の二つの祭具ですが、私はそこに古代アイヌが受容した日本の祭儀を解明する手がかりがあると考えています。

まずイナウについてみてみましょう。

イナウはヤナギやミズキなどの枝を用いたケズリカケです。それ自体が祀られる神をあらわす神体であると同時に、アイヌの言葉を神に伝えるメッセンジャーであり、またケガレ祓いや魔除けにも使われました。

儀式がおこなわれる際、イナウは囲炉裏や祭壇に立てられます。イナウにお神酒《みき》を振りかけ、祈りの言葉をのべると、イナウはそれを神のもとへ届けます。儀式が終わると、イナウは神への捧げものとなります。イナウは神がもっとも喜ぶ捧げものであり、神は人間からイナウをたくさんもらうことで神の国における地位を高めることができる、と考えられていました。

中世のアイヌについて記す『諏訪大明神絵詞』には、アイヌが木を削って幣帛《へいはく》のようにしたものを手にして呪詛するとありますので、イナウが一四世紀前半に存在したことはわかっていたのですが、近年の発掘調査によって、それがすでに一〇世紀に成立していたことが明らかになっています。

ところで、このイナウと同様な木のケズリカケは、あとでのべるように日本では民間信仰の農耕儀礼などで用いられます。その形状も、神の仲介者という機能もイナウと同じです。さらにイナウをあつめた幣垣《ぬさがき》をアイヌが「ヌサ」とよぶのも、日本語古語のヌサに由来すると考えられています。そこで折口信夫は、日本のケズリカケで「稲穂」とよばれていたものを、東北地方の人びとがなまって「いなう」とアイヌに伝え、それが広まったと考えました（折口一九九五）。

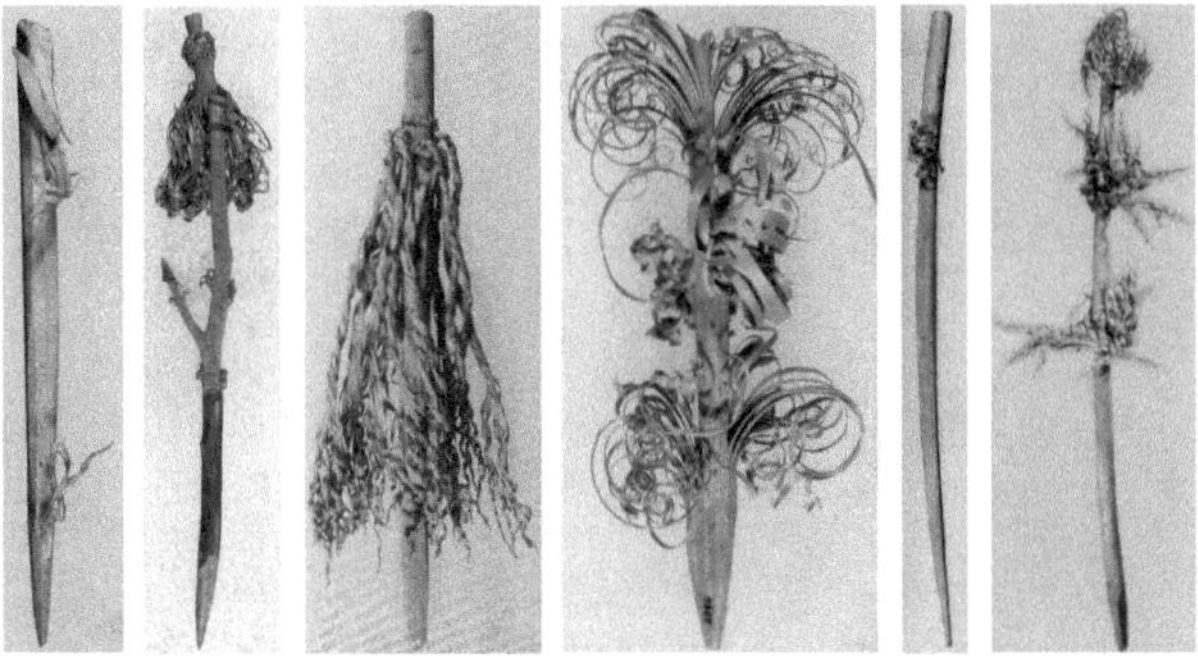

アイヌのイナウ（ケズリカケ）
旭川市博物館提供。

これに対して金田一京助は、イナウに似たものは大陸にもあり、サハリンのアイヌと交流していたウィルタやニヴフなどの先住民も同様なものを用いていたことから、かれらのケズリカケがアイヌや日本に伝わったのではないか、とのべています（金田一一九二五）。

　言語学者の池上二良《いけがみじろう》も、アイヌのイナウはサハリン先住民ウィルタのケズリカケ「イラウ」が伝わったとみています（池上一九八〇）。

　民族学者の大林太良《おおばやしたりょう》も、北アジア諸民族の類例との関連を指摘し（大林一九九一）、柳田国男も、アイヌのイナウが日本起源だとは断定することはできない、と否定的な見解をのべています（柳田一九六三a）。

　イナウの起源は、現在のところサハリン・大陸説が優勢の状況ですが、どちらにも積極的な証拠はなく、定説とはいえません。アイヌのイナウがサハリン先住民に伝わった可能性も否定できないのです。

「イナウに関して、満足すべき語源はいまだ提出されていないというほかはない。それゆえ、イナウがアイヌに昔からあったものか、それとも日本からの影響によって生まれたものかを考察するのには、現在のところ、言語的証拠でなく、もっぱら文化的証拠に頼らざるをえないのである」（大林同前）というように、イナウという言葉自体から自生や伝播を跡づけるのはむずかしいというのが現状です。

イクパスイ

次にイクパスイについてみてみましょう。

これは両端が尖った長さ三〇センチメートルほどの棒・ヘラです。儀式の際、神酒を満たした椀にそえて供されます。そして神に酒を捧げる際、その先端を椀に入った酒に浸し、囲炉裏《いろり》の火の神やイナウに注ぎかけて使います。イクパスイは飲酒儀礼の祭具なのです。

神のもとへ酒を届けるのと同時に、アイヌの祈りの言葉を神へ伝える機能をもち、「捧酒箸」とよばれるほか、アイヌ男性がその神酒を飲む際、ヒゲをかきあげるようにして用いるので俗に「ヒゲ箆《べら》」ともよばれます。
イエズス会宣教師として有名なフロイスの一五六五年の書簡には、日本の北の方に住む人びとは、酒を飲むとき長いヒゲを棒であげるとあります。また『氏郷記《うじさとき》』の一五九一年の記事にも、アイヌは盃に「箸」を一膳のせて酒を受け、その箸でヒゲをかきあげて飲むとあります。これらの記事からイクパスイは、中世にはすでに日本の人びとからアイヌ固有の習俗・祭具と認知されていたことがわかりますが、イナウと同様、近年の発掘調査によってその成立が一〇世紀にさかのぼることが明らかになっています。

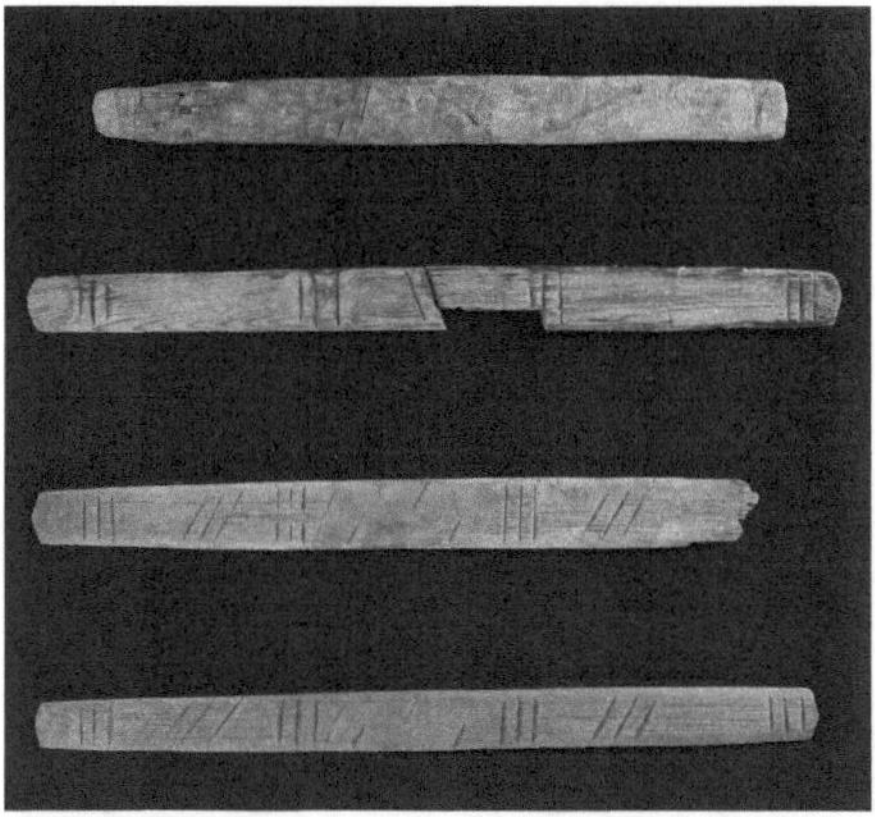
イクパスイ
上ノ国町勝山館跡出土。16〜17世紀。同町教育委員会提供。

博物館で展示されているイクパスイは、動物などの立体的な彫刻をもち、漆塗りがほどこされた華美なものがほとんどです。これは儀式で繰り返し使われました。しかし発掘調査でみつかる古代〜近世前半のイクパスイはすべて白木《しらき》で、儀式のたびにつくられました。その本体には表面を削ってカール状にしたケズリカケがあり、それがイナウの一種であったことを示しています。華美なイクパスイと区別してキケ・イクパスイ（ケズリカケをもつイクパスイ）とよばれます。

その起源については、日本の神職が儀式の際に手にする笏《しゃく》に由来するのではないか、という説もあります。また、イクパスイの集成と分類をおこなったイタリアの民族学者マライーニは、サハリンには一本のイクパスイが二股になった例があり、イクパスイの「パスイ」が日本語の「箸」の語に由来することから、その成立には日本の箸にかかわる祭具の影響があった、と考えているようです（マライーニ一九九四）。しかし、その起源をめぐってイナウのような活発な議論がおこなわれたことはありません。

イナウとイクパスイは、どのような場所で祈りをおこなうときでも、持参するか、あるいはその場で製作するかして、儀式には欠かせない祭具となっていました。そしてイナウとイクパスイの二つを不可欠とするこのような儀礼のありかたは、その出現が考古学的に確認できる一〇世紀までさかのぼると考えられるのです。

山の神信仰との関係

これまで指摘されたことはありませんが、実はこの二つと同じ祭具をもつ日本の祭儀があります。それは山の神信仰の祭儀です。

山の神という言葉をお聞きになったことはあるとおもいますが、それは一般に次のようなものと考えられています。

「今日ひろく全国的に民間で信ぜられているものは、それぞれの部落に近い山に住して、春は里に下って田の神となり、秋収穫が終わるとともに山に帰って行くものといわれている。しかし猟師や木地屋《きじや》・炭焼など山稼ぎする人々の信ずるところは、ややこれと異なって田の神とは関係はない。ともに特別の社殿などはなく、普通は山の口、もしくは山中の老木を選んで、しめを張り、それを対象に毎年一回、大抵正月か、二月の初めに祭が行われる。……近畿の諸地方では山の神祭には、『かぎ』と称して二股になった木の枝を切り、それを人形につくり……餅・しとぎ・神酒などを供えるのが普通である」（柴田一九六九）。

山の神信仰とされるものの内容は複雑で多岐にわたっており、簡単に要約することはきわめてむずかしいのですが、山村の人びとの日常生活にふつうにみられる、とるにたらない小さな神であり、現代的な意味をもたない原始的で古層な神とみなされたことから、その実態がよく把握できないまま今日にいたった、ともいわれています。

ただしこの山の神信仰について多くの論者が指摘するのは、山の神には狩猟民の文化と

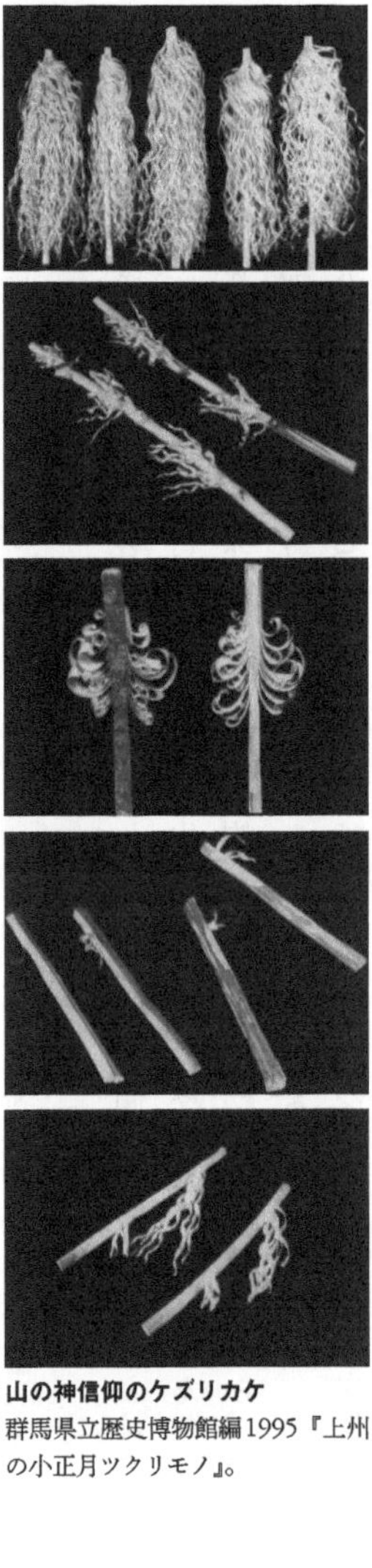
山の神信仰のケズリカケ
群馬県立歴史博物館編1995『上州の小正月ツクリモノ』。

農耕民の文化の二つの要素が認められるということです（ナウマン一九九四）。佐々木《ささき》高明《こうめい》はそれを「山民の山の神」と「農民の山の神」とよびました（佐々木一九七一）。

　このような山の神の理解では、「山民の山の神」を縄文時代的な信仰、「農民の山の神」を弥生時代的な信仰と評価し、この異質な二つの信仰をむすびつけたのが山民のおこなっていた焼き畑農耕の儀礼だった、と考える傾向があるようです。しかしここでは山の神信仰の起源や内容について、これ以上深く立ち入るつもりはありません。問題としたいのはその祭具なのです。

　民俗学者の石上堅《いしがみかたし》によれば、山の神信仰の農耕儀礼では二つの祭具が重要な位置を占めます（石上一九七二）。

そのひとつは、「神招ぎの採物《とりもの》であると同時に、それ自体が神の姿」であるケズリカケです。これは、イナボ（稲穂）・コメホ（米穂）・アワボ（粟穂）・ヒエボ（稗穂）・ハナ（花）などとよばれます。おもに東北地方から関東・甲信越地方にかけて、小正月に神を迎える際に家ごとにつくられるもので、アイヌのイナウがそうであるように、さまざまなかたちがあります。神社で目にするような、紙をシデ（紙垂）に切って垂らすものもケズリカケとよぶことがあるので、ケズリカケが本来の形式とみられる、といいます。

このような山の神信仰の農耕儀礼で用いられるケズリカケは、従来も指摘されてきたとおり、その形状も機能もアイヌのイナウと共通します。ただし、イナウとケズリカケが類似するという事実だけで両者の関係を論じるのはむずかしそうです。

粥掻き棒と斎箸

そこで、山の神信仰の農耕儀礼におけるもうひとつの重要な祭具「粥掻《かゆか》き棒《ぼう》」と、その仲間とされる「斎箸《さいばし》」（孕《はら》み箸とも）についてみてみたいとおもいます。

粥掻き棒は、長さ三五～四〇センチメートルほどの枝です。下端は土に刺すため尖らせ、上端には十字に切りこみを入れます。小正月には、この粥掻き棒の十字の切りこみの方で雑穀やコメの粥を掻きまわし、切りこみに付着した粒の多い少ないで、その年の農耕

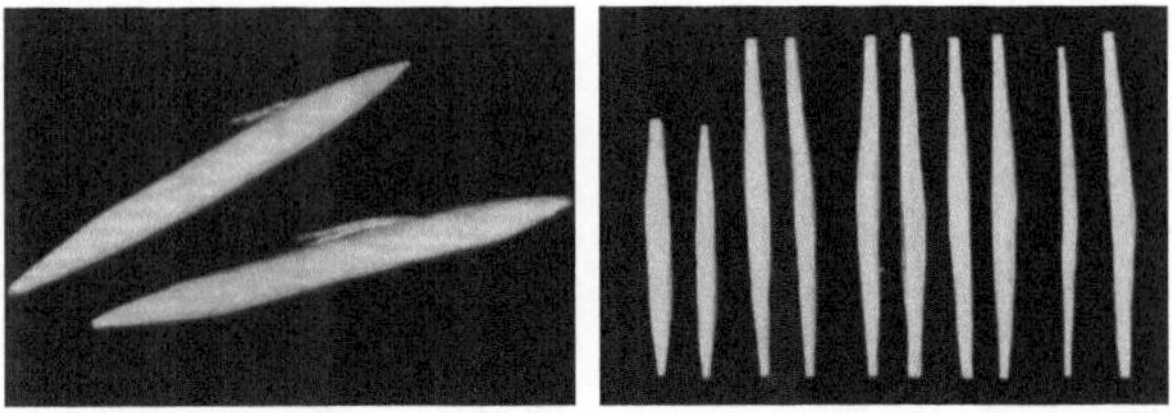

斎箸
群馬県立歴史博物館編1995『上州の小正月ツクリモノ』。

の豊凶を占います。これは箸のように二本一対でつくり、田の水口や畑などに刺して用います。

粥掻き棒には、表面を削ってカール状にしたケズリカケをもつものも多くみられます。つまりこれもケズリカケの一種なのです。アイヌのイクパスイがイナウの一種であったことと共通します。

この粥掻き棒については、『枕草子《まくらのそうし》』（九九三〜一〇〇〇年ごろ成立）第三段の小正月の行事のなかに、粥に浸した「粥の木」で背中をたたきあう情景が描かれています。また『源氏《げんじ》物語』（一一世紀初め）や『狭衣《さごろも》物語』（一一世紀後半）にも「粥杖《かゆづえ》」がみえます。したがって、その出現が一一世紀以前にさかのぼることはたしかです。ちなみに、この粥掻き棒で背中をたたきあう習俗が、第四章「呪術」でのべたケガレを祓う日本の祝い棒やアイヌのウカルの習俗と同じであることが注意されます。祝い棒もケズリカケを用いるのですから、古くは粥掻き棒＝祝い棒だったといえるのかもしれません。

次に、この粥掻き棒と同系列のものとされる斎箸をみてみましょう。

これは、長さは粥掻き棒と同様で、両端を尖らせた太い箸の形をした祭具です。粥掻き棒と同様、二本一対で使用され、やはりケズリカケをもつものがあることから、ケズリカケの一種であることがわかります。これも小正月に尖端を粥に浸すなどして用いました。『古事記』の国生み神話では、「天之瓊矛《あまのぬほこ》」で海を掻きまわし、霊魂をよびだす呪術によって潮のしたたりで島を形づくります。そこで石上は、この天之瓊矛が粥を掻きまわして霊魂の出現をまつ粥掻き棒と同性質のものであり、粥掻き棒は本来「矛」だったのではないか、とのべています。

たいへん興味深い指摘ですが、いずれにせよ粥掻き棒と斎箸は、ともに粥状のコメや雑穀に浸して用いる農耕儀礼の祭具であり、その起源はかなり古い時代にまでさかのぼるものなのです。

アイヌの酒漉しイナウ

ところで、奄美大島の名瀬《なぜ》市大熊《だいくま》集落では、農耕儀礼（初穂儀礼）のミキマツリ（神酒祭り）にあたって、この粥掻き棒を粥ではなく、粥状の神酒を掻きまわすのに用います。

ミキマツリでは、神を招く祭詞を神人《かみんちゅ》全員で唱えおわると、祭場係がミキ（神酒）の甕《かめ》

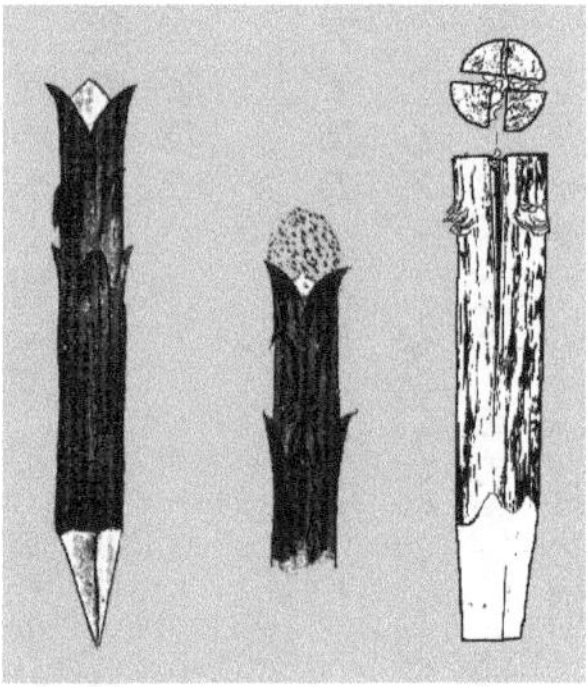

アイヌの酒漉しイナウ（左）と日本の粥搔き棒（右）
左：久保寺逸彦2001『アイヌ民族の宗教と儀礼』草風館。右：群馬県立歴史博物館編1995『上州の小正月ツクリモノ』。

のふたをあけ、竹の粥搔き棒でこれを搔きまわし、そののち神人全員にミキを配ります（「奄美学」刊行委員会編二〇〇五）。粥搔き棒は神酒と深くかかわる性格をもつものだったようです。

アイヌの祭具にも、この粥搔き棒とよく似たものがあります。それは、祭りで酒を醸《かも》す際、酒をザルで漉《と》し終わったときに用いる「酒漉しイナウ」とよばれるものです。

長さ三五〜四〇センチメートルの棒で、下端は土に刺すため尖らせ、上端にはＶ字状の切りこみを入れます。本体にはケズリカケがつけられます。そして、Ｖ字状の切りこみに酒の粕《かす》を盛り、二本一対で囲炉裏や入口などの地面にさし、酒の粕を神に捧げたのです（久保寺二〇〇一ａ）。

日本の粥搔き棒とアイヌの酒漉しイナウは、長さや形状が同一であること、切りこみに粥状の穀物を付着させること、地面に刺して使うこと、二本一対で用いること、ケズリカケの一種であることなど、まったく同じものとみてさしつかえありません。搔きまぜるものが日本では粥、アイヌでは粥状の酒と異なっていますが、先ほどのべたように奄美でも粥状の酒に粥搔き棒を用いていました。日本でも酒を自製していたころは、粥状の酒をかきまぜるのに粥搔き棒が使われていたのかもしれません。

このようにみてくると、アイヌ社会には山の神信仰における農耕儀礼の祭具が受容されており、イクパスイはその一種だったのではないかとおもわれるのです。

イクパスイの語義は、「イク（酒を飲む）・パスイ（箸）」であり、パスイは日本語の箸に由来するというのが定説です。この事実は、イクパスイと「斎箸」の関連を物語るものといえます。先にのべたように、古層の文化をとどめていたサハリンには、二股《ふたまた》になったタイプのイクパスイがあり、マライーニはその事実をもってイクパスイと日本の箸の関係を指摘していました。

中川裕は、イクパスイはアイヌ社会に「カムイ」という言葉が日本から入ってくる以前の非常に古い祭具であり、もともとは別の言葉でよばれていたものが、日本語の「箸」におきかわったのではないかと考えていますが（中川二〇一〇）、はたしてそうでしょうか。

農耕儀礼の受容

イクパスイが日本の斎箸に起源をもち、奄美大島のように粥状の神酒の飲酒儀礼にかかわる祭具だったとすれば、一〇世紀とみられるその成立の前提には、当時のアイヌ社会におけるコメや雑穀を用いた酒づくりの存在が想定されなければなりません。では、アイヌは一〇世紀に麹と穀物を用いた酒づくりをおこなっていたのでしょうか。

日本ではすでに六四九年以降、疫病や米価高騰、暴力行為などの防止のため、繰り返し禁酒令がだされていました。社会に飲酒の習慣が広まり、さまざまな弊害を生みだしていたことがわかります。ただし、神祭りの酒が禁酒令の対象となることはありませんでした。酒は祭儀に欠かせないもの、まさに神酒だったのです。

一〇世紀の『延喜式《えんぎしき》』神祇巻《じんぎのまき》・四時祭《しじさい》に掲載されている全国の六四〇〇ほどの祭りをみると、その五割強の祭りで酒が供えられています。また酒の記載がみえない祭りは地方の神が多く、これは国ごとで酒を祭料に加えているので、実際にはほとんどすべての祭りで酒が供えられていたことになります。つまり酒づくりは、この当時、本州各地のいたるところでおこなわれていたのです。この酒は、基本的に蒸米《むしごめ》に麹と水を加えて発酵させたものでした（金子一九九七）。

北海道で酒の原料となるコメの出土をみると、松前町札前《さつまえ》・札幌市サクシュコトニ川・余市町大川・深川市東広里《ひがしひろさと》遺跡など、一〇世紀以降の遺跡で確認されています。古代の北海道で稲作がおこなわれた形跡はみつかっていないので、これらは本州産のコメということとになります。そして、このような一〇世紀以降の北海道でのコメの流通には、同時期の青森県における水田開発の爆発的な進展がかかわっていたとみられます。

青森では、先にのべたように九世紀後葉以降、多くの修験者や陰陽師が入りこむなど、本州中央と変わらない生活が展開されていました。水田開発を背景に、祭儀に欠かせない酒づくりがおこなわれていたのはまちがいありません。それは先の『延喜式』にみられるとおりです。そしてこの酒づくりの文化は、青森からコメを移入していたアイヌ社会にも当然、影響をおよぼしたはずです。そもそもアイヌが貴重なコメをただ食用にするためだけに移入していたとは考えがたいのです。

アイヌ語で麹を意味する「カムタチ」は、古代日本語の「かむたち」(麹)からの借用語だとのべました。コメとともに麹も流通し、それにともなって日本語の「かむたち」の語も普及したのではないでしょうか。飲酒儀礼の祭具であるイクパスイの成立時期が、北海道へコメが流通をはじめた一〇世紀と同じであることは、偶然とは考えられません。アイヌの飲酒儀礼の形式は、酒づくりの文化とともに日本からもたらされたとみられるのです。ちなみに酒を意味するアイヌ語の「サケ」は日本語からの借用語です。

イナウとイクパスイの成立は、一〇世紀のアイヌ社会が日本の山の神信仰的な農耕儀礼を受容した可能性を強く示唆するものといえます。カムイ(神)・タマ(魂)・ノミ(祈む)・

オンカミ（拝み）といった神観念や祭儀は、七世紀後葉〜九世紀に本州からの移民がもたらした、土製勾玉などに象徴される古層の祭祀に属するものであり、イナウとイクパスイに示される山の神信仰とは異なる、古神道的な祭祀だったのかもしれません。

狩猟採集民であったアイヌが農耕儀礼を受容したといえば、違和感をもつ方がいらっしゃるかもしれません。しかし擦文時代のアイヌは、移住者を通じて農耕を取りいれ、全道各地で活発に農耕をおこなっていました。つまり農耕にかかわる神を招き、作物の豊凶を占うことは、古代のアイヌにとってもきわめて重要かつアクチュアルな意味をもつものだったのです。

さらに、山の神信仰はたんなる農耕祭祀ではなく、狩猟活動など山での生業にも深くかかわるものだったのですから、アイヌにとっては強い親和性をもつものだったといえるのではないでしょうか。

重要な農業の神

アイヌの祭儀の成立に日本の山の神信仰の形式がかかわっているとしたとき、問題は、日本の山の神の信仰そのものがアイヌの祭祀に取りこまれたのか、あるいは祭具など祭儀の形式だけが受容されたのか、ということになります。そのことを考えるうえで興味深い

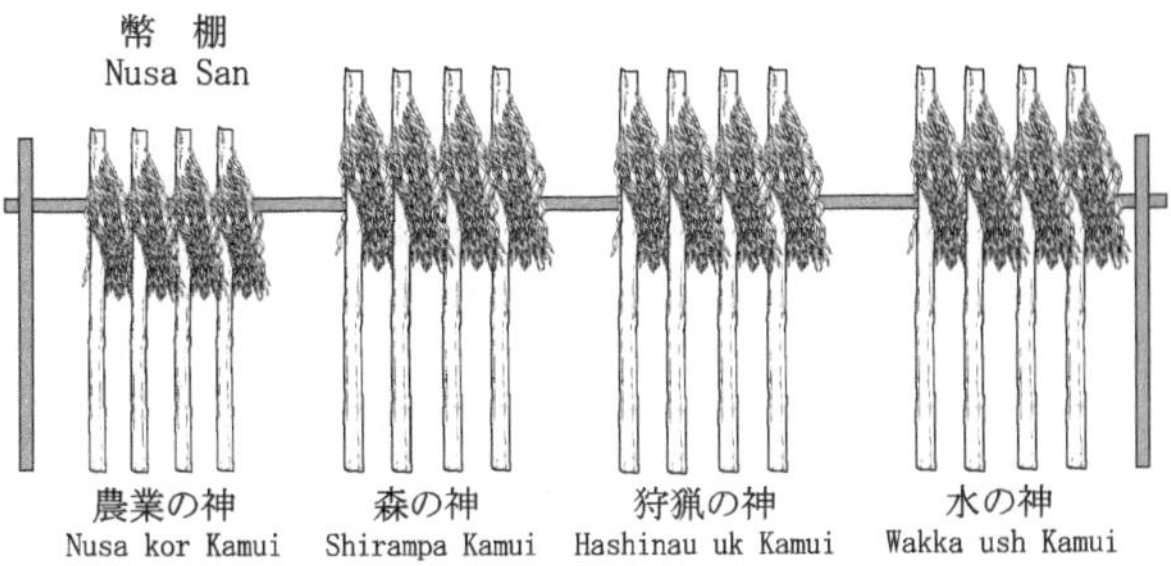

アイヌの祖霊祭祀で祀られる神々

のがアイヌの祖霊祭祀です。

アイヌの祖霊祭祀は、春・秋・冬に親戚などを招いておこなう大がかりな祭りでした。しかしそれ以外にも、酒が手に入った際や、クマ祭りなどの祭祀のなかでかならずおこなわれる、いわば基本的な祭祀でした。

この祖霊祭祀がおこなわれるにあたっては、地域によって異なりますが、一三の神あるいは一五の神が祀られました。このことは、本州で山の神が「十二様《じゅうにさま》」（一二の神）とよばれることともかかわって興味深い問題ですが、日高の沙流川筋の場合、それは次の一三神でした（久保寺二〇〇一b）。

――屋内で礼拝する神（火の姥神《うばがみ》・家の守り神・家の主人の守り神）

――屋内と戸外で礼拝する神（村の守護神・アイヌの始祖神・アベツ沢の沢尻《さわじり》の神・門別《もんべつ》川の神・チカポイ丘の神・沢口の水の女神）

――戸外の幣壇で祀る神（大幣の神・森の神・狩猟の神・水の神）

これらの神々のうち、大幣の神とされるのは農業神のことです。戸外の幣壇に祀られた四つの神々のなかでも、向かって左側の「上座」におかれる重要な神でした。

それ以外の戸外で祀る神々のうち、森の神（森の立木の神）は森林を支配して人びとに木材や薪、鳥獣をあたえる神です。

これに狩猟の神、水の神を加えた四神が戸外で祀られる神ということになるのですが、この「農業・木（森）・狩猟・水」の神の組みあわせが、日本の山の神信仰の神々と一致することに驚かされます。

屋内で祀る神々は、家屋とその住人にかかわる性格をもつものです。屋内と戸外で祀る神々は、集落とその住人にかかわるものです。そのなかで戸外の幣壇に祀られる四つの神々は、これらの神々と異なる位相をもつものといえます。

神々の再編

もし、この四つの神々の組みあわせが日本の山の神信仰に由来したものだとしても、農業神をのぞく狩猟・木（森）・水の神は、縄文時代以前にさかのぼる基本的な神々であった可能性が考えられそうです。

問題は、アイヌの多様な神々のなかで、農業神を中心として四つの神々が一組のものにまとめられ、ほかの神々とは異なる位相をみせていたという事実です。つまり、七世紀後葉〜九世紀に農耕がアイヌ社会へもたらされて以降に成立したはずの新来の神である農業神が、それ以前から存在したにちがいない神々と一体になる「形式」をあたえられたのはなぜか、という点が問われなければならないのです。

金田一京助は、屋内や屋外で祀られるさまざまな神々のうち、第一に重要な神は囲炉裏の火の姥神であり、第二が家の守り神、第三が大幣の神（農業神）、第四が森の神、第五が海幸・山幸の神である枝幣の神（沙流川の場合には狩猟の神にあたるものか）、第六が水の神であったとしています（金田一一九二五）。

多様な神々のうち、家屋とその住人にかかわる二つの神以外、山の神信仰の神と一致する四つの神々が重要な神となっていたのであり、その四つの神々のなかでも、農業神がもっとも重要な神となっていたのです。

このことは、山の神信仰がアイヌの祭儀に一定の「形式」をあたえたばかりでなく、信仰そのものが受容され、伝統的な祭祀のなかで基底的な意味をもつものになっていたことを示しているのではないでしょうか。

ちなみに山の神信仰では、猟師や樵《きこり》などが山に入る際、木を選んでケズリカケを立て、豊猟や安全を祈りますが、山の神信仰に特徴的なこのような樹木崇拝は、アイヌのなかにも認められます。

猟師たちは、樹木を崇拝することをキム・オ・チパシクマ（山での教え）という。狩りで山に入ろうとする者はまずイナウに向かって祈り、その後、大きな木を選び、その木に宿る神に豊猟と安全を祈る。山の教えというのは、木を拝むことと、もう一つは木が生えてさえいれば、それがどこであってもその場所を拝むことである、といいます（バチェラー一九九九）。

サイモンとはなにか

アイヌの祭儀は、縄文伝統を核としながら、とくに日本の祭儀から多くの影響を受け、変容してきたものだったようです。最後に、アイヌの伝統的な神明裁判《しんめいさいばん》であるサイモンの起源についてのべ、本章を終えたいとおもいます。

アイヌの裁判の方法として、煮え立つ湯に手を入れ、底に沈む石などをとらせ、やけどの有無で被疑者の罪の有無を神に仰ぐ、盟神探湯《くがたち》・湯起請《ゆぎしょう》の習俗があります。これは「サイモン」とよばれていました。

このサイモンの語源について金田一京助は、ツングース語の「サマン（シャーマン）」が古い時代に大陸からアイヌのなかに入ってきたのではないか、とのべています（金田一一九二五）。

シャーマンはトランス状態になって神と交信する宗教者のことです。この説の当否が議論されたことはほとんどありませんが、はたして金田一説は正しいのでしょうか。

サイモン（アイヌの湯起請）
秦檍麿1800『蝦夷島奇観』。北海道大学附属図書館提供。

平取町の鍋《なべ》沢《さわ》元《もと》蔵《ぞう》エカシ（翁）によれば、配偶者がなにかの拍子に気絶すると、それは配偶者の不貞を神が知らせるものとみなされていました。そこでこの知らせを受けた者は、神々にイナウを捧げてから、サイモンと称する一種の祈禱詞を唱えました。その後、鍋の水を煮えたたせてから自分の唾を吐き入れ、配偶者の手をそのなかに入れさせ、唾をすくわせました。罪のない者はやけどを負うことはありませんでした。この神判を「サイモン・キレ」とよぶ、というのです（早川一九七〇）。

つまりサイモンとは、湯起請の際にまず唱えられる「祈禱詞」を指しているのであり、一般にサイモンとよばれる湯起請の行為自体は「サイモン・キレ」とよばれていたのです。この「キレ」は「する・させる」の意ですから、「サイモン・キレ」とは「サイモンする（させる）」ということになります。

ここで注意したいのは、日本ではこのような祈禱詞を「祭文」とよんでいたことです。つまり、アイヌは日本の「祭文」にあたるものを、そのまま「サイモン」とよんでいたことになるのです。これは日本語からの借用と考えてよいのではないでしょうか。

中世の日本では、このような湯起請を陰陽師や修験者などの「祭文語り」がおこなっていました（清水二〇一〇）。中世のアイヌ社会にもこのような「祭文語り」が入りこみ、かれらがおこなった湯起請を、アイヌが「祭文＝サイモン」とよんだことはありえそうにおもわれます。

近年、古代の東北地方で出土する羽釜《はがま》形土器・竈《かまど》形土製品・三脚付き土器という特殊な土器類が注目されています。これらは八〜一一世紀のもので、もっぱら多賀城《たがじょう》・官衙《かんが》・城《じょう》柵《さく》など古代律令国家の施設から出土していますが、日常的に使用した痕跡がうかがえないことから、国家の出先機関でおこなわれていた湯起請に用いられたのではないかと考えられています（古川二〇一四）。ひょっとすると、アイヌ社会への湯起請の伝来も古代にまでさかのぼるのかもしれません。

祭祀をめぐってアイヌと日本の関係を明らかにすることは、異なる言語・文化・生業体系をもつ隣接社会への文化伝播のメカニズムと、おそらくは複層的な成りたちをもつアイヌ祭祀の形成を考えるうえで、きわめて大きな意義をもっています。さらにアイヌの祭儀のなかに、実態がよくわからない古代日本の祭儀、とくに民間の祭儀を復元する手がかりが得られるかもしれません。

そして、このような作業を抜きにしては、私たちはアイヌの観念体系の基層に存在するかもしれない「縄文思想」にたどりつくことはできない、とおもわれるのです。

第七章　黄金——アイヌは黄金の民だったか

黄金を知らない黄金島の人びと

北海道はいくどもゴールドラッシュでわいた「黄金島」です。

江戸時代初期には、アイヌの総人口を上回る多くの和人の金掘りが北海道へ入りこんでいました。その後は金掘りの渡海が禁止されたものの、明治時代に入るとふたたび多数の金掘りが入りこみました。北海道の金は多くの人びとを惹きつけてきたのですが、これまで歴史学がこの北海道の金の問題に注目することはほとんどありませんでした。

一八世紀以降に増えてくるアイヌにかんする記録をみると、アイヌは金の価値も、その採取法も知らないとされています（『蝦夷草紙』ほか）。和人の目には、アイヌが貨幣によって交換レートの公平性を確保したり、富を貨幣のかたちで蓄えることができない、その日暮らしの未開人と映っていたのです（『休明光記《きゅうめいこうき》』）。

では、アイヌは和人が目の色を変えて求める金の価値を理解できず、それをみずから採取してみようともおもわない、「うぶ」で無欲なその日暮らしの未開人だったのでしょうか。

近年の発掘調査によって、奥州藤原氏の一団が一二世紀に北海道の日高へ移住していた可能性や、一〇世紀の北海道に修験者たちが入りこんでいた可能性が指摘されています。

私はそれらが北海道の金にかかわるものであり、アイヌの歴史は金によって、また金をめぐる和人との関係によって大きく変化してきたのではないかと考えています。

これまで知られていなかった金をめぐるアイヌの姿を、ご一緒にみていきたいとおもいます。

渡海する和人の金掘りたち

実は、アイヌが金の価値やその採取方法を知っていたことをうかがわせる事実がいくつかあります。

一七世紀前半の北海道は、たいへんなゴールドラッシュにわいていました。一六二〇年に北海道へ渡った宣教師のカルワーリュによれば、日本から渡ってきた金掘りはその前年に五万人を越え、当年には三万人以上になったといいます（『コインブラ・コレヂオ出身耶蘇会士徳行録』一）。一九世紀初頭の数字ですが、アイヌの総人口はサハリンと千島をふくめて二万四〇〇〇人ほどでした。つまり渡航してきた和人の金掘りの数は、それをはるかに上回っていたのです。

さらに、一六六九年の松前藩とアイヌの戦い（シャクシャインの戦い）には、アイヌ社会に入りこんだ多数の金掘りがかかわっていました。かれらのなかにはアイヌの首長の娘婿となり、アイヌ社会の意志決定に関与する者もいました。

そのためシャクシャインの戦いのあと、金掘りとアイヌの結託をおそれた松前藩は、金の採取や金山の経営を廃止するとともに、和人の金掘りが北海道へ入ってくることを禁じました。「シヤムシヤイン（シャクシャイン）の一乱より砂金は取事禁止、蝦夷え入込事制禁成ゆへ、其後再興するものなし」（『蝦夷随筆』）とあるように、その後、北海道各地の産金地は放棄されていたのです。

一九世紀のことですが、探検家の松浦武四郎がかつて産金地として知られていた道北の羽幌《はぼろ》を訪れた際、昼の休憩時間に手拭いで川底の砂をすくってみたところ、たちどころにキセルの雁首《がんくび》二つ分の砂金を得、また海辺の砂でも選別を試みたところ、雁首一つ分を得たといいます（『蝦夷日誌』）。

このような産金地が放棄されていたため、明治時代に入ると北海道では一気にゴールドラッシュが巻きおこり、本州の熟練した砂金掘りを組織して一八九〇年前後から道内各地で砂金採取がおこなわれるようになりました。とくに一八九七年ごろに道北オホーツク海側の枝幸《えさし》町で豊富な砂金が発見されると、地元の老若男女や神職、僧侶までが山に押しかけ、川では身動きもできないほどであったといいます。これが新聞で報じられるや否や全国から金掘りが殺到し、枝幸だけでその数が数千人を越え、年間採取量は一トン以上におよびました。北海道では南富良野町のように、明治時代に砂金掘りたちが開いた町もあるのです。

いずれにせよ、多数の金掘りが北海道へ入りこみ、アイヌと深くまじわっていたのですから、少なくとも一七世紀後葉までに限ってみても、アイヌが砂金の価値を知らなかった、あるいはその採取方法を知らなかったとはとうてい考えられないのです。

至高の宝

ロシアのコサック隊長のチョルヌイは、一七六八年に千島を南下してエトロフ島に達し、そこで地元のアイヌが道東の厚岸《あつけし》で手に入れたという日本の金貨を入手しました(『ロシア人日本遠訪記』)。この金貨は重さ三ゾロトニク半(約一五グラム)といいますから、小判だったとおもわれます。もちろん日本であれば、庶民が簡単に手にできるようなものではありません。

たまたま一点の小判が、日本から道東を経てエトロフ島へ渡り、それを偶然チョルヌイが入手したとは考えられません。一定量の小判や金貨が日本から渡っており、莫大な対価を要する一種の宝としてアイヌ社会に流通していたとおもわれます。アイヌが金に至高の価値を認めていたのはまちがいありません。

黄金山（石狩市浜益区）
ユーカラに登場するシヌタップカの候補地。かつて金が採取されたことからこの名がついたという。浜益アイヌの霊山とされる。いしかり砂丘の風資料館提供。

また、アイヌの口承文学であるユーカラでは、山上の城に住む主人公の暮らしが大量の金に彩られていたと語られます。かれは金の家に住んでおり、金のベッド、金の小袖、金の杓子《しゃくし》など、すべての生活用具が金なのです。

このユーカラには主人公の居住地を示す二つの地名が登場します。「シヌタップカ」の城と、その付近を流れる「トメサンペチ」川です。この地名は現存するアイヌ語地名のなかに確認できませんが、アイヌ文学研究者の久保寺《くぼでら》逸彦《いつひこ》のように、これを手がかりにユーカラの発祥地を探ろうとする研究者もあらわれました（久保寺一九七〇）。

久保寺の説の当否はおくとして、興味深いのは、「宝がそこを降る川」と解釈される「トメサンペチ」の語義です。ある古老は、「宝がそこを降る川」というのは宝の光が川にしみこみ、流れが金色をただよわせていたからそのようにいうのだ、とのべています。これは砂金の産出河川を意味するものであり、主人公は砂金川を占める首長がモデルだったとは考えられないでしょうか。

もうひとつ興味深いエピソードを紹介しておきましょう。

一八八二年（明治一五）、現在の日高の浦河《うらかわ》町にキリスト教者の開拓団「赤心社《せきしんしゃ》」が入植しました。その幹部であった向井裕蔵《むかいゆうぞう》は、アイヌの有力者であるウナシキヤムに夕食に招待され、向井の日頃の誠意に感謝して、特別に宝をみせてもらったといいます。それは革袋に詰まった砂金と、ずっしりと重たい金の箸でした。向井はこの箸で食事を取るよう勧められます。これらはその後、第二次世界大戦後の米軍の進駐にあたってウナシキヤムの遺族が山中に隠し、行方不明となっています（『浦河百話』）。

家宝として伝来してきたこの砂金が採取されたのは江戸時代のことでしょう。シャクシャインの戦い以降、北海道へ渡ってくる和人の金掘りは基本的にいなかったはずですから、これはアイヌがみずから採取したものだったのではないでしょうか。

それは金の精錬か

砂金の採取は、産地が知られないように極秘におこなわれるため、シャクシャインの戦いのような大事件でもおこらないかぎり、その事実が公にされることはありません。歴史研究でアイヌの金の問題が取りあげられてこなかったのも、ひとつにはそのような史料の欠落が背景にあるのです。

しかし、アイヌの砂金採取を間接的に記す史料がないわけではありません。

ひとつは、イギリス東インド会社貿易船隊司令官セーリスが、北海道へ二度渡ったことのある和人商人から一六一三年に聞きとった記録です。

それによれば、アイヌは砂金と銀を多くもっており、それによって日本人からコメや綿布などを買っている、といいます（『セーリス日本渡航記・ヴィルマン日本滞在記』）。

また、オランダ東インド会社のフリースの聞きとりもたいへん興味深い内容です。フリースの船隊は、一六四三年に金銀島調査のため北海道・千島・サハリンを訪れました。その際、千島のクナシリ島でアイヌの長老の刀に銀の金具がはめてあるのをみて、それをどこで、どのような方法で手に入れたか、身振りでたずねました。

すると年配の女性がその問いを理解し、自分の手を砂のなかに入れて掘りはじめました。そして、わずかな砂をとりあげ、「シッシッ」という声を発しながら、それをひとつの壺のなかに入れ、火にかける身振りをしました。彼女は「カニ」という言葉を発しましたが、それはアイヌが銀を指す言葉であった、というのです（北構一九八三）。

この「カニ」という言葉は、アイヌ語で鉄・金・銀などを指す金属の総称です。アイヌ女性の身振りが金属の加工を示していたのはまちがいありません。さらに砂状の金属を壺に入れて火にかけるしぐさは、るつぼで溶解する精錬法をおもわせます。ただし砂状の銀はありませんので、これは砂金の精錬法だったのではないでしょうか。

もしそうだとすれば、アイヌ社会の周縁に位置した千島のアイヌが、一七世紀にはすでに砂金の採取方法だけでなく、その精錬方法も知っていたことになります。これは驚くべきことです。ただし一〇～一一世紀の青森県八戸《はちのへ》市林《はやし》ノ前《まえ》遺跡では、金の精錬をおこなったるつぼや、るつぼのかわりに用いた土器の底部がみつかっています。アイヌは一〇世紀以降、ふいごを用いて鍛冶をおこなっていたので、るつぼによる精錬はとくにむずかしいことではありません。アイヌ社会にそのような技術がはやくに伝わっていた可能性は皆無とはいえないのです。

クナシリ島では、一九三二年（昭和七）に金銀鉱床の千島鉱山が開坑し（石原一九九四）、一九三九年（昭和一四）の商工省の「千島探金隊」も大規模な金鉱脈を確認しています（読売新聞同年六月八日付記事）。また最近では、ロシアの地質調査会社がクナシリ島中部に五〇トン以上の金が埋蔵されている可能性があると報じています。さらにその金は鉱石一トン中、最高で一三五グラム、平均三七グラムときわめて高品位であるといいます（石原同前）。

クナシリ島は大規模な砂金の産地だったのです。

北海道は金銀島

フリースはさらに、道東の厚岸でもアイヌから銀の鉱山について聞きとっています。それによれば、アイヌの老人が着物を一、二枚くれれば鉱山について教えてもよいというので、フリースはこれをあたえ、老人を自分たちのボートに乗せて案内させました。すると老人は、勢いよく流れている川のそばにボートをつけさせ、近くの浜辺を探るよう身振りで示しました。しかし、そこを掘っても砂以外はなにもみつからなかったといいます。

アイヌは、河川や浜辺における砂金の採取方法を知っており、実際にみずから採取していたのではないでしょうか。

ところで、フリースが北海道近辺を調査した背景には、ヨーロッパにおける金銀島伝説がかかわっていました。

ヨーロッパでは一六世紀まで、伝説上の金銀島が日本あるいは日本近海にあると考えられていました。しかし日本へ渡航する西欧人が増えると、その情報から日本自体が金銀島ではないことが明らかになります。そうすると、金銀島は日本の北東方向にあると認識さ

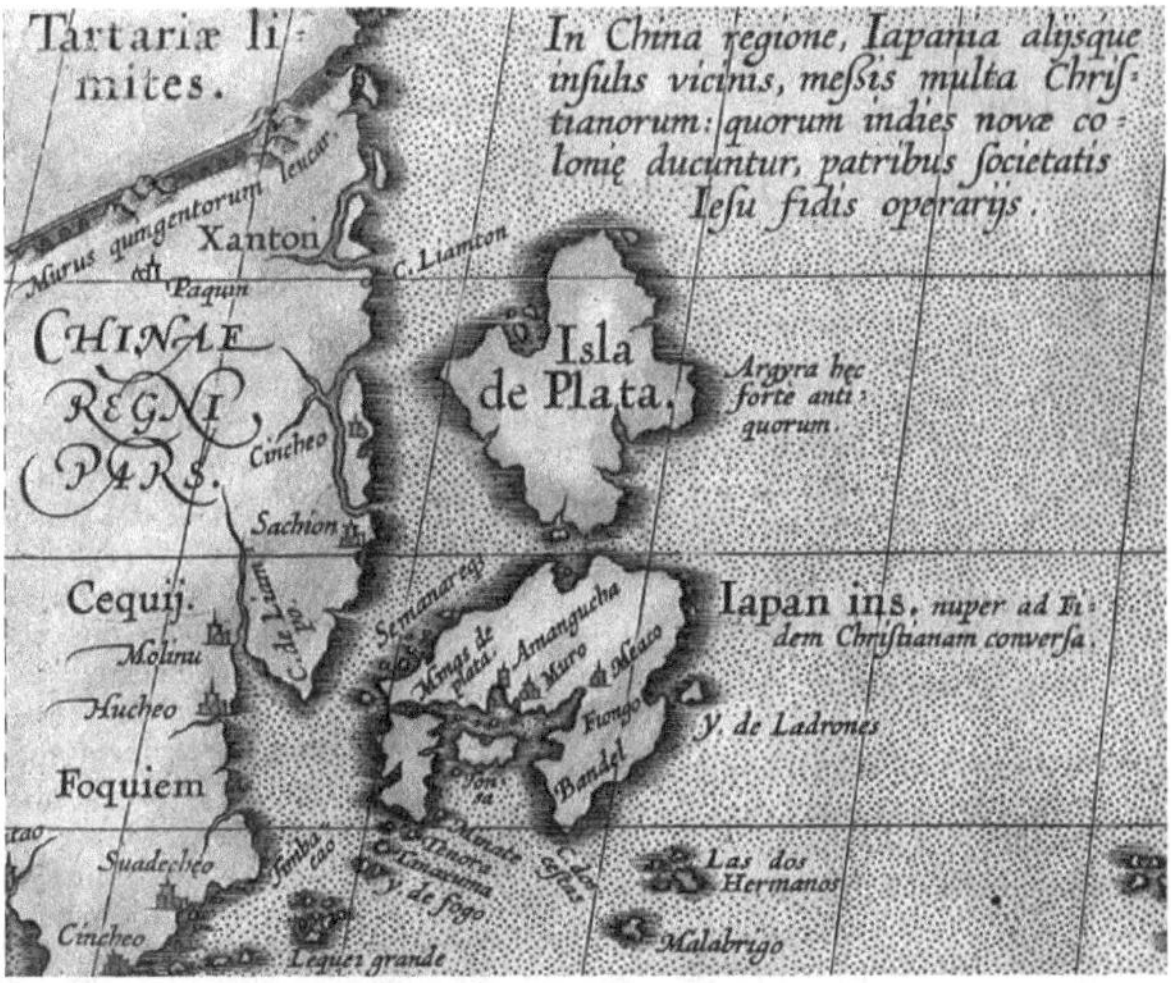

オルテリウス1589「太平洋図 Maris Pacifici」の日本列島（部分）
北海道の位置に銀の島（Isla de Plata）が描かれる。
“Abraham Ortelius” Wikipediaから引用。

れるようになり、地図上では本州の北、まさに北海道の位置に金銀島が描かれるようになるのです。

これまで研究者は、当時の地理認識のレベルでは、これを北海道とみることには無理があると考えてきました。しかし、ヨーロッパの諸地図に描かれたこの金銀島の形状は、日本でもっとも初期の北海道全図とされる、正保《しょうほう》および元《げん》禄《ろく》御《お》国《くに》絵《え》図《ず》系の地図に描かれた北海道島の特徴と一致しているのです。

有名な地図製作者であったオルテリウスの「太平洋図」（一五八九年）をみると、本州の北に描かれた Isla de Plata（銀の島）は、たしかに北海道の特徴をよくとらえているようにみえます。
そこでアイヌ史研究者の北構保男《きたがまえやすお》は、西欧人が渡航してきた一六世紀前半には、かなり詳細な日本の地理的情報がヨーロッパに伝わっていた可能性がある、と指摘しています。つまり地図上の金銀島が北海道である可能性は否定できない、というのです（北構一九八三）。

ちなみに、現存する最古の北海道島の地図作成者とされる宣教師のアンジェリスは、一六〇二年に日本へ渡りましたが、かれが故郷イタリアのシチリア島でみた地図にも、北海道は四方を海で囲まれて描かれていたとのべています。北海道にかんする地理的情報は、ヨーロッパでもかなり詳細に把握されていた可能性がありそうです。

もし一六世紀のヨーロッパに北海道を金銀島とする認識があったとすれば、それは一六世紀にはすでに北海道が有望な金の産地と日本国内で認識され、また実際に金が日本に移出されていた事実を物語っているのではないでしょうか。

決定的な史料

アイヌの砂金採取について調べていくなかで、以上のような記録に出会うことができたのですが、採取の事実そのものを明言する史料はなかなかでてきません。あきらめかけていたとき、ある研究者から決定的な史料を教えていただきました。

それは江戸時代中期の国学者、天野信景《あまのさだかげ》が著した一七〇巻余の随筆『塩尻《しおじり》』です。北海道に長く滞在した人物から聞きとった情報のなかに、砂金のことが次のように書かれています。

北海道から帰ってきたその人物は、砂金をもちかえった。かれによれば、アイヌは海辺に打ち寄せた砂金を採取する。これは細粒であり、アイヌは「メウシ」と称している。また「岩金」を「イウヒ」と呼ぶ。アイヌはこの砂金を津軽の和人と交易している、というのです（『日本随筆大成』第三期一五）。これは一八世紀初頭のことです。

ごく短い記述ですが、砂金の産状によって異なる名称があること、海辺で採取される浜砂金が細粒であることなど、内容は具体的で信頼できそうです。アイヌが砂金を採取し、それを交易に用いていたという私の推定は、やはりまちがいではなかったのです。

さらにこの記事から、一六六九年のシャクシャインの戦いによって金の採取や和人の金掘りの渡航が禁止されたのちも、アイヌ社会の内部では引き続き砂金の採取がおこなわれていたことが理解できます。

アイヌが砂金でコメを買っているという一六一三年のセーリスの記事がありますから、アイヌの砂金採取のはじまりは一七世紀よりも前にさかのぼるはずです。さらに、道東や千島のアイヌが砂金採取の方法を知っていたことを示唆するフリースの記事から、一七世紀には辺境の千島をふくむアイヌ社会の隅々にまで砂金の知識が普及していたことになります。その知識には、砂金の精錬法もふくまれていた可能性があるのです。

では、アイヌの砂金採取はどの時代までさかのぼるのでしょうか。

ヨーロッパにおける金銀島の認識が北海道とむすびついていたとすれば、そのような認識が成立したとみられる一六世紀前半には、すでに北海道から金が移出されていたことになります。実際、戦国時代の一六世紀には、日本で貨幣用の金と銀の生産がピークを迎えていました。この時期に北海道の金資源が注目され、探査や採取がおこなわれていた可能性はありそうです。

仮にそうであったとしても、その砂金の移出を担ったのはアイヌではなく、和人の金掘りだったのかもしれません。しかし、かれらがアイヌと接触しなかったとは考えられません。アイヌは和人の金掘りを通じて砂金採取の方法を知ったのではないでしょうか。

しかし、アイヌの砂金採取はそれよりもさらに古くさかのぼる可能性があるのです。

奥州藤原氏は北海道へやってきたか

一九五九年、苫小牧市に近い厚真町の相馬妙見《そうまみようけん》神社の敷地で一つの壺《つぼ》がみつかりました。その壺は長く注目されることもありませんでしたが、近年それが一二世紀代の常滑焼《とこなめやき》（愛知県常滑産）であることが明らかになり、大きな話題になっています。というのも、この一つの壺から当時のダイナミックな社会の動きが浮かびあがってきたからです。

壺をめぐって二つのことがわかりました。

一つは、この壺が当時権勢を誇った奥州藤原氏の都、岩手県の平泉からもたらされたものだろうということです。常滑焼は当時、平泉が国内最大の消費地でした。常滑焼だけでなく、平泉からは白磁《はくじ》や青磁《せいじ》など中国の輸入陶磁も多くみつかります。それは、一二世紀代の日本では貿易拠点の博多と貴族が暮らす京都に次ぐ出土量です。奥州藤原氏は巨大な経済力をもっていたのです。

もう一つは、この壺の口の部分が意図的に打ち欠かれており、その特徴から経塚《きょうづか》とよばれる仏教遺構におさめられる経典・経筒の外容器《がいようき》とみられることです。平泉では、このような外容器にもっぱら常滑焼の壺を用いていました。また経塚は一般的に神社の境内や、集落の背後にある小高い場所に設けられますが、厚真で壺が出土したのも岬状に突きだした丘陵の先端で、いかにも経塚がつくられそうな立地なのです。

この二つの事実から次のことが考えられます。

口を打ち欠かれた破損品の壺が、交易品としてアイヌにもたらされることはありえません。和人が北海道へもちこみ、厚真で外容器として加工したのでしょう。その和人は平泉からやってきた人びととみられます。

さらに、経塚の造営が厚真でおこなわれたとすれば、平泉からやってきた人びとのなかには位の高い人物や僧侶もふくまれていたことになります。つまり、平泉から移住したのはかなりの規模の集団だったと考えられるのです。

もしそうだとすれば、内陸に入った厚真の山間部へ、奥州藤原氏の一団はどのような目的でやってきたのでしょうか。

渡海の目的

奥州藤原氏の莫大な富を支えたのは、なによりも砂金でした。陸奥から産出する金は、国際貿易の決済手段として当時の日本の国家経済を支えていました。奥州藤原氏が中国から宋版《そうはん》一切経《いっさいきょう》を入手するため、金一〇万五〇〇〇両（約一・七トン）を支払ったと伝えられていることが、その産出量の多さを物語っています。

金のほかにも、馬や、日本で高級な矢羽として珍重された北海道のオオワシの尾羽、武具や馬具に用いる北海道の海獣の毛皮などが奥州藤原氏の富を支えていました。藤原基衡《ふじわらのもとひら》が京の仏師運慶《うんけい》に仏像を注文し、その謝礼として贈ったもののなかに、金一〇〇両、馬五〇頭のほか、オオワシの尾羽一〇〇羽分、アザラシの毛皮六〇枚余などがみえます（『吾妻《あづまか》鏡《がみ》』）。北海道は奥州藤原氏にとって巨大な富の源泉だったのです。

奥州藤原氏と北海道の関係が具体的に論じられたことはほとんどありません。しかし、北海道の産物が財政基盤に大きな比重を占めていた以上、奥州藤原氏は当然、それらの産物をもたらす北海道の集団ときわめて密接な関係をもっており、北海道の情報にも精通していたはずです。

奥州藤原氏の都・平泉（復元）
高橋富雄他編1993『図説奥州藤原氏と平泉』河出書房新社。

たとえば、一一二六年の中尊寺大伽藍《ちゅうそんじだいがらん》の落成式で読みあげられた「落慶供養願文《らっけいくようがんもん》」には、「粛慎《しゅくしん》・挹婁《ゆうろう》」とよばれる人びとまでが奥州藤原氏になびき従っている、とあります。この粛慎・挹婁はサハリンから大陸沿海州の集団を指しています。奥州藤原氏がその実態をどれほど知っていたか疑問ですが、アイヌは一一世紀前後にはサハリンへ進出し、その後は同地や沿海州の集団と交易をおこなっていたことが明らかになっています。奥州藤原氏はアイヌを通じて、その背後の北東アジア世界についても一定の認識をもっていた可能性があるのです。

奥州藤原氏が莫大な金を入手するため、多数の金掘りをどのように組織していたのか、採掘の実態はほとんど明らかになっていません。しかし、金によって富や権勢を誇っていた以上、あらたな金産地の開発は至上命題だったはずです。有数の金産地である地元の北上山系はもちろん、東北各地で必死に金の探査をおこなっていたにちがいありません。

とすれば、緊密な関係をもっていた「黄金島」の北海道へ金掘りを送りこみ、探査や採取をおこなっていた可能性は十分にありそうです。むしろ、一衣帯水の北海道に産金地はないのか、と考えてみないことのほうが不自然ではないでしょうか。

驚くべき指摘

平泉の中尊寺金色堂《こんじきどう》では、一九六二年から六八年にかけて昭和の大改修がおこなわれました。その際、長く探鉱技術者として活躍し、北海道各地の砂金にもくわしかった秋葉《あきば》安《やす》一《いち》が金色堂の金箔の調査に立ち会い、驚くべき指摘をしました。

金色堂の金箔には、岩手の北上山系の金にまじって、それらとはまったくちがった質の金が用いられている。それはどうみても北海道の日高の砂金としか考えられない、というのです。砂金は色あいや光沢などが産地によって異なるため、熟練者になると砂金を一目みただけで産地の見当がつくといいます（矢野一九八八）。

厚真で出土した常滑焼の壺から、奥州藤原氏が砂金を目当てに北海道へやってきたのではないかと考えはじめていた私は、この事実を知って衝撃を受けました。

さっそくそのことを拙著（瀬川二〇一一）に書いたところ、秋葉はただ「日高」といったのではなく、日高の新冠《にいかっぷ》町の新冠川水系アブカシャンベの砂金と同じだといった、と教えてくれた研究者がいました。またほかの研究者は、秋葉は日高のむかわ町の鵡川《むかわ》上流トマムの砂金が用いられているといった、と教えてくれました。どちらが正しいのかわかりませんが、秋葉が詳細な産地にまで言及していたのはまちがいなさそうです。

胆振・日高は、北海道の中央を南北に走る神居古潭変成帯《かむいこたんへんせいたい》に属する、道内でも有数の砂金産地でした。先にみたように、多数の和人の金掘りが入りこんでシャクシャインの戦いがおこった舞台も日高の新ひだか町でした。奥州藤原氏の一団が金を目当てに移住した可能性は、考えてみてもよさそうです。

砂金の採取は、河床が砂利より岩床のほうが、また水深は浅いほうが適しています。そのため砂金の採取場所は、産金河川のなかでもかなり上流に設けられることになります。奥州藤原氏の移住先と考えられる壺の出土場所が、厚真のなかでも海から遠い山間部だったのは、このような理由によるのではないでしょうか。

奥州藤原氏が厚真に移住したとすれば、それはオオワシ尾羽の入手が目的だったのではないか、という研究者がいます。しかしオオワシは道東の産物です。かれらの目当ては胆振・日高に多いシカの毛皮だった、という研究者もいます。しかし、かつては北海道に無数に生息したシカの毛皮を手に入れるため、わざわざ平泉から移住しなければならなかったのでしょうか。砂金が目的だった可能性は高そうです。

砂金の発見

しかし、この仮説を立証するには二つの手続きが必要になります。ひとつは、厚真町内を流れる厚真川が産金河川であったことを明らかにする作業です。砂金は胆振・日高の多くの河川でみつかっています。しかし厚真川で確認された記録はありません。そこで私は、北海道砂金史研究会会長の上野《うえの》保男《やすお》さんに相談し、厚真川で砂金の調査をしていただくようにお願いしました。

上野さんは道内はもとより本州各地でも砂金の採取をおこなっており、産金河川の情報に精通しています。「厚真川で砂金が出た記録はない。無理だよ」と諭《さと》されましたが、二〇一二年の夏、ようやく調査が実現しました。

砂金採取道具のカッチャと揺り板を手にした上野さん、弟の勝男さんに続き、私はヤブをこいで厚真川水系のオニキシベ川に降りたちました。川幅は四～五メートル、水深は二〇センチメートルほどで、岩床をなめるように水が流れています。すぐそばで遺跡の発掘調査がおこなわれており、ときおり自動車の音も聞こえてきます。

上野さんがカッチャで岩床の割れ目にたまった砂利をすくい、揺り板のうえで揺すりはじめると、すぐに声があがりました。

「おっ、出たっ！　瀬川さん、出たよっ！」

驚いて上野さんの手元をのぞきこむと、たった一粒ですが、たしかに砂金が輝いています。あまりにあっけなく砂金がみつかったので私は拍子抜けしてしまいましたが、これによって厚真川がかつて産金河川だった可能性が考えられることになったのです。

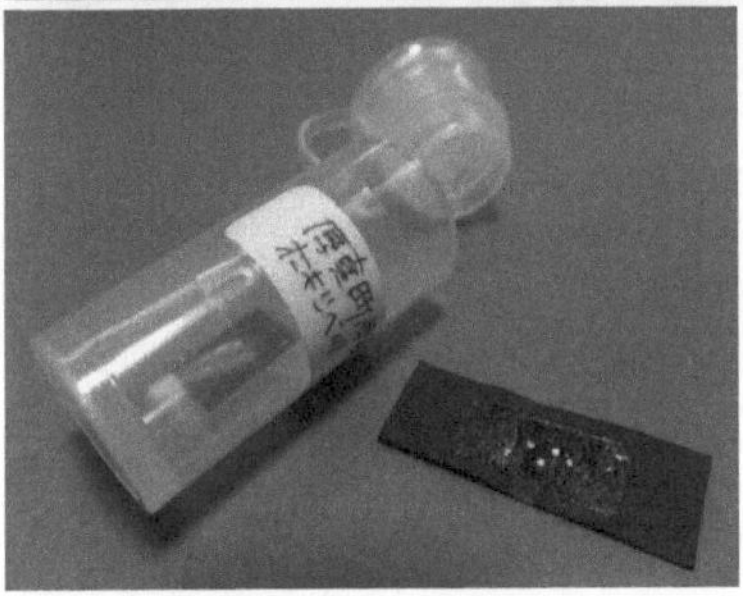

厚真川での砂金調査風景と出土砂金
2012年。筆者撮影。

次の手続きは、平泉に北海道の砂金がもちこまれている事実を確認する作業です。秋葉が指摘した中尊寺金色堂の

函館工業高等専門学校での砂金の元素分析
測定をおこなう同校の中村和之教授（左）と竹内孝さん。

金箔について微量元素の分析をおこない、北海道とくに胆振・日高の砂金と同じ特徴をもつものが確認できれば、それは立証できるはずです。

函館工業高等専門学校の中村和之教授、小林淳哉《こばやしじゅんや》教授、竹内孝《たけうちたかし》さんとの共同研究として、まずは上野さんなどから提供いただいた道内や東北各地の砂金の成分分析がはじまりました。

しかし中村教授と平泉を訪れると、昭和の大改修によって金色堂の金箔は貼りかえられてしまったことがわかりました。目の前が真っ暗になりましたが、平泉町役場の八重樫忠郎《やえがしただお》さんに相談したところ、平泉から出土している奥州藤原氏関連の金付着遺物の成分分析ができることになりました。

もちろん簡単に結果が出るわけではありませんが、奥州藤原氏の黄金文化にアイヌがかかわっていたとすれば、北方史やアイヌ史のイメージは大きく変わることになります。二〇一四年には、奥州藤原氏の研究者である八重樫さんが厚真を訪れ、常滑焼が出土した遺いとおもいます。

跡の発掘をおこなって、経塚の有無を確認する調査に着手しました。その成果に注目した

宝の銅鋺が意味するもの

胆振・日高の砂金が本州へ移出されはじめたのは、奥州藤原氏が権勢を誇った一二世紀よりさらにさかのぼる可能性がある、と私は考えています。

厚真をはじめとする胆振・日高では、一〇世紀になると山間部にアイヌの小集落が密集するようになります。アイヌ社会で交易品の生産が至上命題になったこの時期以降、道内では胆振・日高と釧路湿原周辺をのぞいて山間部に集落が密集することはほとんどありません。釧路の状況は河川源流部でサケを捕食するオオワシの捕獲にかかわっていた、と私は考えています。問題は胆振・日高の山間部の集落です。

実は、この胆振・日高の山間部の集落からは驚くべき宝物、つまり当時の日本では都の貴族くらいしか用いていなかった、黄金色に輝く銅鋺《どうわん》がみつかります。この鋺は国産のもののほか、朝鮮半島新羅《しらぎ》産の「佐波理《さはり》」とよばれる製品をふくんでいます。

高級舶来品の佐波理は、奈良時代の正倉院宝物《ほうもつ》のなかにみえます。また一〇世紀末ごろに成立した『枕草子』には、新品の黄金色の銅鋺にかき氷を盛り、樹液のシロップをかけ

たものは上品で好ましいとあります。そのような雅《みやび》で高貴な器が、なぜか遠い北海道の胆振・日高の山間部からまとまってみつかるのです。

この地域に集落が密集する理由については、オオワシの捕獲・交易がかかわっていたとする説があります。しかしこの説を支持しがたいことは先にのべたとおりです。またシカの捕獲・交易説もありますが、かつては道内に無数に生息していたシカの毛皮によって、胆振・日高のアイヌだけが銅鋺をまとまって入手できたのはなぜか、というのが多くの研究者の一致した疑問です。

つまり、もっとも考えやすいのは高価な砂金なのです。

ところで、陸奥の金が日本にとってきわめて重要な資源となり、大量に採取されるようになったのは、奥州藤原氏の時代になってからというわけではありません。八世紀にみつかった陸奥の砂金は、九世紀には国際貿易の窓口である大宰府で決済手段として用いられるようになります。

これによって黄金郷としての日本のイメージが外国で一気に広まり、すでに九世紀半ばには、アッバース朝の地理学者イブン・フルダーズベの『諸道と諸国の書』にみえるように、日本は金の産出国としてイスラム世界にまで知られていました。

さらに九八三年に宋に渡った東大寺の僧は、太宗《たいそう》から日本の金がどこで産するのかたずねられています（吉川二〇〇六）。日本の金はたちまち国際的な注目の的になっていたのです。

一〇一七年に藤原道長《ふじわらのみちなが》の倉から砂金二〇〇〇両が盗まれた事件がありますが、このような貴族らが私蔵した金も陸奥の産とみられています（小葉田一九六八）。陸奥の金は国際貿易だけでなく、王侯貴族の暮らしにも不可欠なものとなっていたのです。

このような状況をみれば、陸奥で活発化した砂金探査の動きが北海道にまでおよび、一〇世紀には胆振・日高から金が移出されるようになったという可能性も考えられてよいとおもうのですが、そこで注目したいのは一〇世紀以降、北海道に修験者が入りこんでいた形跡がみられることです。

北海道にやってきた修験者

九世紀後葉、本州北端の青森には多数の和人が一気に入りこみました。水田造成、鉄生産、窯業など大規模な開発が一斉にはじまるとともに、北海道との交易拠点としても急速に成長を遂げます。これと同時に、青森や岩手など東北北部へ陰陽師や修験者が多数入りこんできたことが、陰陽道の呪具や密教法具の出土によって明らかになっています。

このうち修験者は古代の東北地方ときわめて深いかかわりをもっていました。

紀伊半島の熊野《くまの》三山《さんざん》は古代から修験道の一大中心地でしたが、現在全国にある熊野神社の四分の一が東北地方に集中しています。また、東北地方で創建が古代にさかのぼる可能性のある神社は、いずれも神像ではなく御正躰《みしょうたい》（木や銅の円板に仏像を浮き彫りにしたもの。懸《かけ》仏《ぼとけ》）を祀っており、その成立に熊野三山への信仰（熊野信仰）が深くかかわっていたことが明らかです。そして、この東北への熊野信仰の流入と展開を担ったのが熊野《くまの》修験《しゅげん》でした（政次二〇〇六）。有数の産金地帯である古代東北の海道地域の開発に、熊野水軍が深くかかわっていたとする指摘も実に興味深いものといえます（平川二〇一二）。

修験者といえば、金を鉱山で大規模に採掘するようになる戦国時代より前、砂金の採掘はもっぱら修験者の経営するところでした（井上一九八一）。

たとえば、金売吉次《かねうりきちじ》は陸奥の砂金を都で売って財をなし、源義経を奥州藤原氏のもとへ案内した伝説的人物として有名ですが、吉次は天台宗に帰依するとともに、有名な産金地の宮城県栗原《くりはら》市に熊野神社を建立するなど、熊野信仰・熊野修験との深いかかわりが指摘されています（田中一九九七）。

このような伝承が残されていること自体、九世紀後葉以降、東北地方に広く入りこんだ熊野修験が、金の探査や採掘、金掘りの組織化、あるいは金の商業活動などに深くかかわっていたことを示唆しているようにおもわれます。奥州藤原氏の金生産は、ひょっとする

金掘りと山の神・熊野信仰

道北の枝幸町には明治30年（1897）ごろ以降、多数の金掘りが入りこんだ。同町熊野山には金掘りが建立した神社跡に「大山神」「熊野山」の2基の石碑が残る。地名の熊野山はこの碑に由来するらしい。金掘りが山の神と熊野三山を信仰していたことを示す。高畠孝宗ほか2010「歌登パンケナイ砂金地における熊野山石碑調査」『枝幸研究』2。

とこのような修験者のネットワークによって支えられていたのかもしれません。そして、この東北の熊野修験が一〇世紀以降、北海道にも入りこんでいたと考えられるのです。

千歳市の末広《すえひろ》遺跡では、一〇世紀代の竪穴住居から修験者のもつ錫杖の金属部品がみつかっています。錫杖が交易品として流通したとは考えにくいので、これは修験者がこの地域に入りこんでいたことを示すものといえます。また一〇世紀以降、胆振・日高を中心にみつかる銅鋺についても、密教法具の洒水器《しゃすいき》だったのかもしれません。

釧路市の材木《ざいもく》町5遺跡では、一二

世紀代の竪穴住居から湖州鏡《こしゅうきょう》とよばれる鏡が出土しています。湖州鏡は中国の南宋時代に浙江省湖州地方で作られた鏡で、本州では東北から近畿地方の経塚や山岳信仰遺跡から出土します。経塚や山岳信仰遺跡は、密教や修験道と深くかかわる遺跡ですから、釧路の湖州鏡も修験者がもたらした可能性が考えられそうです。

産金地である胆振・日高の山間部に一〇世紀以降、集落が密集した事実と、同時期に修験者が北海道へ入りこんだ事実は、ひょっとすると金を媒介にしてむすびつくのではないでしょうか。

さらに修験者が山の神信仰とも深くかかわり、「山の神の代官」と評されることからすれば（井上同前）、第六章「祭祀」でのべたように、アイヌが一〇世紀以降、山の神信仰を受容したとみられる背景にも、このような修験者との関係が考えられるかもしれません。

アイヌの黄金郷

最後にひとつ、興味深い史料をご紹介します。

北海道で砂金の採取がおこなわれたことを示すもっとも古い記録は、道南の知内《しりうち》町に伝わる『大野《おおの》土佐《とさ》日記《にっき》』の一一九一年（あるいは一二〇五年）の記事です。

ただし『大野土佐日記』は内容に矛盾があって信憑性に乏しく、一種の伝説的なものとみなされており、歴史資料としてとりあげられることはほとんどありません。

その内容は次のようなものです。

北海道に漂着した筑前《ちくぜん》の者が、金の小塊を得て故郷の甲斐《かい》に帰り、それを領主の荒木大《あらきだい》学《がく》にさしだした。これが契機となり、鎌倉幕府から北海道の金の調査を命じられた大学は、金掘りや修験者ら一〇〇〇名余をともなって六月二〇日に甲斐を出発、七月二三日に道南の矢越《やごし》に到着した。その後、知内川流域などで、およそ一三年にわたって砂金の採取をおこなったが、アイヌに攻められて敗亡した、というのです。

先にのべたとおり、この記事の信憑性には疑問がもたれています。しかし、甲斐から金掘りたちの入りこんだ時期が、奥州藤原氏の滅亡直後であるのが気になります。奥州藤原氏によって集約されていた北海道の採金活動が、かれらの滅亡によって一種の無秩序状態となり、その結果、北海道の金資源をめざす動きが本州で活発化したことも考えてみたくなるところです。

これまでアイヌの歴史研究に金の視点が導入されることはありませんでした。しかし、古代の東北を日本史や世界史の舞台に押しあげたのはなによりも金だったのであり、その東北と深い関係をもっていたアイヌが、金をめぐる巨大な欲望と無縁でいられたわけはありません。

黄金郷に暮らすユーカラの主人公のイメージは、なんの根拠も背景もなく降ってわいたものではなかったはずです。金はアイヌの神話的世界にも強い影響をおよぼしているのであり、私たちはその事実にしっかりと向きあう必要がありそうです。

第八章　現代——アイヌとして生きる

Aさんへのインタビュー

「アイヌの人たちは日本語が話せるの？」

「アイヌの人たちはいまでもこのような草葺きの家（チセ）に住んでいるの？」

これは、私が勤務する博物館で実際にお客様から受けた質問です。みなさんのなかにも、そのようにお考えの方がいらっしゃるかもしれません。

現在、日常の暮らしのなかでアイヌ語の会話がおこなわれることはないとおもいます。もちろん、ふだんから伝統的な樹皮衣を身につけたり、昔ながらの草葺きの住居に住む人もいません。かれらはふつうの日本人と変わるところのない生活をおくっています。このようなアイヌの未開視にたいする異議申し立ては、アイヌ自身によってすでに大正時代から活発におこなわれてきました。しかしいまだ十分に理解されていないようです。

そこで旭川市博物館では展示をリニューアルする際、現代のアイヌのコーナーを設けました。地元のアイヌの方々に伝統工芸品を製作してもらい、これを展示するとともに、ビデオに収録した自宅での製作風景、アイヌ語教室や伝統行事の様子をみていただくのです。この展示を通じて、アイヌの人びとが日本人と変わらない生活をおくる一方で、祖先からの伝統文化を受け継ごうと努力している姿が自然に理解していただけるのではないかと考えたのです。

では、日本の国民としての日常をおくるなかで、アイヌ民族として生きる人びとはどのようなきっかけでアイヌのアイデンティティに目覚め、アイヌであることを選びとってきたのでしょうか。日本国民として教育を受け、日本国民としての意識をもちながら、同時に異なる民族のアイデンティティをもつということは、どのようなことなのでしょうか。

ここでは知人のAさんに登場していただき、彼女の生いたちや想いを通して、そのことを考えてみたいとおもいます。あらたまって半生を語ってもらうことに、おたがい気恥ずかしさを覚えながら、Aさんへのインタビューははじまりました。

上川アイヌが運営する博物館
川村カ子トアイヌ記念館（旭川市北門町11丁目）。人物は同館副館長の川村久恵さん。

アイヌの開拓団

——まず、Aさんの生いたちを聞かせてください。

「私は、一九六一年（昭和三六）に旭川で生まれました。父も母もアイヌ民族です。母は終戦まぎわに他所から旭川へ嫁いできました。実家は畑作を営む裕福な家庭で、貧しい和人の子どもたちを引きとって里親になっていたそうです。そんな環境でしたので、アイヌとしての差別は受けたことがなかったと聞いています。

戦後まもなく、旭川のアイヌ民族が開拓団を組織して市の郊外へ入植し、私の両親もそのなかに加わりました。はじめのうちは開拓地にササ葺きのチセを建てて住んだそうです。

山の上の粘土地で、稲作もできないところでしたが、当時手つかずの土地といえば、そのような条件の悪い場所しか残っていなかったのでしょう」。

旭川市が位置する上川盆地への本格的な和人の進出は、一八九一年（明治二四）の屯田兵の入植にはじまります。その後、九八年には鉄道が開通、九九年には第七師団が移転するなど、旭川は道北の拠点都市として急速に発展していきます。

上川盆地には三〇〇人ほどのアイヌが暮らしており、獣皮の交易などによって生計をたてていました。しかし資源保護のため河川でのサケ漁やシカ猟は禁止されます。そこで道庁は、かれらが農耕によって自活する計画をたて、旭川では近文にアイヌ給与地を設定し、従来どおりの生活を求める盆地内のアイヌを集めて各戸に割り渡しました。

しかし、その土地は農業に不適な川べりの湿地帯で、しばしば氾濫にみまわれたため、給与地での自活には大きな困難がともないました。たとえば石狩川をはさんだ近文の対岸、忠和《ちゅうわ》地区は、氾濫のため和人の入植者が離農し、その後長く放置されていたのです。

そのうえ、師団用地に隣接する給与地をだまし取ろうとする師団建設の請負人・大《おお》倉喜八郎《くらきはちろう》の暗躍や、市街地に近い給与地から「衛生」上の理由でアイヌを追放しようとする動き、本来アイヌに下付されるはずの給与地が貸与されることによって生じた土地問題など、給与地に集められたアイヌは次々と困難に直面します。

近文アイヌの杉村京子《すぎむらきょうこ》さんは、給与地での暮らしを次のように語っています。

「一町歩の給与地で畑作をやり、生計をたてるのは、どなたがやっても、もともと無理なことです。……父が亡くなってからは、母は太陽とともにおきて野良仕事をし、その後ヨイトマケのモンキー打ちやバラス通しなどの出面《でめん》仕事をし、終わって家に帰ってからは、月明かりでふたたび野良仕事をするという、苦難の生活がはじまったのです」（杉村一九七九）。

給与地を和人に転貸するアイヌもいましたが、小作料がアイヌの手に渡ることはほとんどなかったといい、また第二次世界大戦後の農地改革によって土地を失い、炭鉱労働者や日雇いの労働者となって離散することもあったといいます。Aさんの両親が近文を離れて開拓団に参加した背景には、このような事情があったのかもしれません。

入植地での暮らし

——たいへんな生活だったのでしょうね。

「開拓地では、地代として薪を納めながら五町歩の畑でビート（甜菜）やエン麦などをつくっていたほか、子牛を育てて売ることもありました。

畑は母の仕事です。あいまに農家の手伝いにもでかけていました。父は山仕事のほか、土産物の木彫り熊を彫っていました。入植したほかのアイヌは次々離農していったそうです。

中学を卒業した私は市内の工場に就職しました。寮があったので、そこなら食べていけるとおもったのです。製品の検品などの仕事をしていました。

高校は夜間の定時制に通いました。高校の卒業後は大学の夜間クラスに入学したのですが、専門の内容についていけず、大学が遠いこともあって、一年ほどでやめてしまいました」。

道庁がおこなった「北海道アイヌ生活実態調査（平成二五年）」によれば、アイヌの世帯の年間所得は、二〇〇万円未満がもっとも多く（約三二パーセント）、生活保護率は居住市町村の保護率の一・四倍となっています。また大学進学率については、居住市町村の四三パーセントに対してアイヌの世帯では約二六パーセントと低く、アイヌの人びとが必要としている対策では「教育の充実」がもっとも多いという結果になっています。

(http://www.pref.hokkaido.lg.jp/ks/ass/new_jittai.htm)。

失われる文化

――家でアイヌ語を話したり、アイヌの伝統儀式をすることはあったのですか？

「家でアイヌ語を話すことはありませんでした。でも、まだおしめをしていたころ、親に背負われアイヌの人たちの集まりに連れていかれたことがあります。大人になってアイヌ語を学びはじめたとき、『ああ、この言葉は、あのとき聞いた言葉だ』とおもうことが何度もありました。
アイヌの伝統行事はほとんど記憶にありませんが、お正月になると父が儀礼具のツキ（漆器椀）とイクパスイ（捧酒箸）を手にして、『アペ・フチ・カムイ（火の神）』と唱えながらカムイノミ（神への祈り）をしていました。父と母は、正月には地元のアイヌの人たちの集まりにでかけていたようです」。

一八九一年（明治二四）にはじまった屯田兵の入植によって、それまで三〇〇人のアイヌを数えるだけだった内陸の旭川は、翌年には約三五〇〇人、一〇年後の一九〇二年（明治三五）には約一万七〇〇〇人、その一〇年後には約五万四〇〇〇人と急速に都市化していきます。

開拓使は一八七一年（明治四）、アイヌを戸籍に登録して日本国民にするとともに、イレズミ・耳輪など伝統文化を野蛮な風俗として禁止し、日本語を習得するよう布達します。さらにアイヌの子弟も和人と同じ学校に通い、日本語教育が徹底されました。

一九一一年（明治四四）に福島県の視察団が近文を訪れた際、アイヌの少女が「明晰にして且つ優麗なる東京弁」を話したため、福島なまりの自分たちより「上に在り

（優れている）」と衝撃を受けたのは興味深いエピソードです。

一九一〇年には、近文の給与地のなかにアイヌの子弟のみを対象とした、六年制一クラスのいわゆる「アイヌ学校」が設立されます。これは、「知識程度」や「風俗習慣」の異なるアイヌの子弟を「収容」する目的で設置されたものでした。

このアイヌ学校に通った近文アイヌの砂沢《すなざわ》クラさんは、次のようにのべています。

「私はアイヌの子どもばかりを集めて勉強を教えるアイヌ学校などつくらないほうがよかった、とおもっています。アイヌ学校ができると、毎日のように和人や外国人がアイヌの子どもが勉強しているところをみにきました。……アイヌ学校などつくらず、アイヌも和人も同じ学校へ通わせたら、全校の生徒がひとつの教室で勉強する必要もなく、アイヌの子どもをみにくるお客さんのために勉強が遅れる、ということもなかったでしょう。もっともっとたくさんのアイヌの子どもたちが、和人の子どもといっしょに上の学校にいき、学問をした、とおもいます」（砂沢一九八三）。

近文のアイヌ学校には多い年で三六〇〇人もの視察があったといいますが、民族別の教育をあらためる道庁の方針を受け、一九二三年（大正一二）に廃止されました。

アイヌなのに

――子どものころ、差別を受けた経験はありますか？

「直接、差別やいじめを受けた経験はありません。いまから考えると、子どもたちにアイヌについての知識はほとんどなかったようにおもいます。

ただ小学生のときに一度だけ、とても仲のよかった友人から、『あなたはアイヌなの？』と聞かれたことがあります。びっくりして口ごもっていると、『そうだよね。アイヌって、頭が悪いもんね』というのです。当時、私は大人たちから優秀な子といわれていました。ですから、アイヌではないよね、というわけです。

これは後でわかったことですが、大人たちは私のことを『アイヌなのに頭がよい』といっていたそうです」。

「北海道アイヌ生活実態調査（平成二五年）」によれば、「アイヌであると感じた時期は？」との問いにたいして、「小学生のころ」がもっとも多く（約二三パーセント）、次に「小学校入学前」（二六パーセント）となっています。また、「アイヌであると感じたきっかけは？」では、「親から聞いた」がもっとも多く（約四八パーセント）、次が「親以外の家族や親族から聞いた」となっています（約一七パーセント）。

「差別の経験があるか？」では、「受けたことがない」がもっとも多く（約三六パーセント）、次が「受けたことがある」「自分はないが、他人が受けたのを知っている」となっています（約三三パーセント）。「アイヌとしていやだと感じさせたのはだれか？」では、「アイヌ以外の友人・知人」がもっとも多く（約一九パーセント）、次が「学校の先生」となっています（約六パーセント）。「どのような場面で差別を受けたか？」については、「職場で」「学校で」「就職のとき」「結婚のことで」が多くなっています。

「差別の原因・背景は何だとおもうか？」では、「人種的偏見」がもっとも多く（約五九パーセント）、ほかにも「歴史や社会的背景にたいする無理解」「経済的理由」「学校教育の取り組みが不十分」が多くなっています。

旧土人ってだれ？

――アイヌであることを自覚したのはいつですか？

「中学一年か二年のとき、自分はアイヌなのかもしれないとおもうことがあって、母に『アイヌってどこにいるの？』と聞きました。

当時は『北海道旧土人保護法』があったときでしたので、『旧土人』と呼ばれる人びとが北海道のどこかにいて、それはひょっとするとアイヌのことかもしれない、と感じていたのです。

母は、それはアイヌではなく『ウタリ』のことだといいました。

『ウタリって旧土人のこと?』

『そう』

『じゃあ旧土人はどこにいるの?』

『それはアイヌのことをいうんだよ』

母は、いやなことに答えるように、そういいました。アイヌであることは、いやなこと、はずかしいことなのかとおもいました。私はびっくりして、そのことをふたたび口にだすまいときめました。あのとき、母が胸を張ってアイヌの説明をしてくれたら、とおもうことがあります。

教科書にはアイヌについて書かれていました。でも学校の先生は、なぜかそこだけ飛ばして説明しませんでした。アイヌは授業でとりあげる価値のないもの、ふれてはいけないものなのか、とおもいました。そのことも、アイヌであることをはずかしいとおもうようになった理由のひとつだと感じます。

もし先生がしっかり説明してくれていたら、アイヌをはずかしいとおもう私の気持ちは、少しは変わっていたかもしれません」。

北海道旧土人保護法は一八九九年に公布されました。その目的は、本州からの移民によって従来の狩猟採集の暮らしが困難になり、生活に困窮したアイヌを農耕民化し、教育や生活扶助などをほどこして「保護」することにありました。しかし旭川では、そのために貸し与えられた土地が農耕の不適地であったことは先にみたとおりです。

この法律は、「アイヌ文化の振興並びにアイヌの伝統等に関する知識の普及及び啓発に関する法律」（いわゆる「アイヌ新法」「アイヌ文化振興法」）が施行される一九九七年まで存続しました。

「ウタリ」はアイヌ語で同朋・仲間を意味します。「アイヌ」の名称に差別がまとわりつき、心理的な抵抗があるとして、一時期これにかわって、アイヌの人びとを指すのに「ウタリ」の名称が使われました。一九六一年には北海道アイヌ協会が北海道ウタリ協会に名称を変更し、二〇〇九年にはふたたび北海道アイヌ協会に変更しています。

おびえと学び

——アイヌ民族のアイデンティティに目覚めたきっかけは、どのようなことですか？

「一〇代から二〇代の私は、アイヌであることをはずかしいとおもっていました。人からアイヌといわれたらどうしようと、いつもびくびくしていました。

アイヌのことを『アイヌさん』とよぶ人がいました。『アイヌ』と呼び捨てにするのを避ける気持ちからなのでしょうが、その言葉はとくに侮蔑的に感じられ、耳にするのが恐怖になっていました。

でも、その一方で、いつもおびえている自分の殻を打ち破りたいとおもっていました。二六歳のとき、アイヌであることをはずかしくおもうのは、自分がアイヌのことをなにも知らないからではないか、と気づきました。アイヌについて書かれた本をむさぼるように読み、アイヌ語に関心をもったのです。

同じころ、知り合いの高校の先生が授業でアイヌをとりあげており、私にアイヌのことをいろいろとたずねました。そのことも、私がアイヌについて学ぶきっかけになりました。

二八歳のとき、札幌でおこなわれたアイヌ民族文化祭にでかけ、衝撃を受けました。みんな楽しそうにアイヌの歌を唄い、踊っているのです。

実は、アイヌの人たちが唄ったり踊ったりすることに、私は後ろめたいような気持ちがありました。というのも、中学三年のとき地元の施設へいき、そこでアイヌの踊りをみていると、踊っている女性が『いまさらなにをみているのさ』と私をきつく叱ったのです。その理由はわかりませんが、和人相手の踊りをアイヌにみられることへのはずかしさがあったのでしょうか。

それ以来、アイヌにとって歌や踊りは、生きていくためやむを得ずやっていることであり、なんだか暗く、つらいことのように感じていたのです。

アイヌ文化の伝承にたいする私の気持ちは、アイヌ民族文化祭でほんとうに大きく変わったとおもいます」。

記憶する力

——自分自身がアイヌであると実感するのは、どのようなときですか？

「こんなことをいうと笑われてしまうかもしれませんが、アイヌは記憶の力に優れているとおもいます。

これは自慢話ではなく、つい一〇〇年前まで文字をもたず、どのようなことでも記憶にとどめておくしか記録するすべのなかった人びとにとって、それは当然のことではなかったでしょうか。

貧しかった私の家には、絵本などほとんどありませんでしたが、母は毎晩、私に物語を語ってくれました。いまおもいかえすとそれは『日本書紀』や『古事記』あるいは弘法大師さんなどの話だったようです。母は、彼女の姉からこれらの話を聞かせてもらい、覚えていたそうです。きっと、むかしの教科書にでも載っていた話なのでしょう。ユーカラやアイヌの伝説を語ってくれたことはありません。

アイヌの人たちと話をしていて、その記憶力に驚いたのは一度や二度ではありません。アイヌから聞きとりをした研究者の本をみても、アイヌの記憶力に注目していますよね。私も、おしめをしていたころからの記憶があるのです」。

自分のなかの日本

——アイヌ語を学んで、自分自身で変わったとおもうことはありますか?

「アイヌ語を学びはじめたとき、アイヌ語を身につければ私はアイヌになるのだ、とおもっていました。ユーカラやオイナ（ユーカラの一種）を語る自分を夢みていたのです。

しかし、アイヌ語を学んでいることがマスコミにとりあげられるようになると、応援する人がいる一方で、『おまえのアイヌ語は本物ではない』『いい気になるなよ』などという人たちもあらわれました。たしかに若いときの自分はこわいもの知らずだったとおもいます。伝統を甘くみてはいけないという忠告の気持ちだったのでしょう。

アイヌ語を学んでいると、語学上の専門的な質問をされることもありました。でも私は言語学の訓練を受けたわけでなく、アイヌ語の先生のように答えることはできません。アイヌ語を学ぶ自分が小さい存在におもえてきました。それが私の限界なのだと感じました。

いろいろなことが重なって、人まえでアイヌ語を話すのがすっかりいやになり、気持ちもふさぎこんで、私はアイヌ語の活動から距離を置くようになりました。

アイヌ語を学んで感じたのは、陰影の深い言葉だということです。アイヌ語の『イランカラプテ』は『こんにちは』と訳されますが、そもそもは『あなたの心にそっとふれさせていただきます』という意味なのです。

おもしろいことに、そうしたアイヌ語の陰影がわかってくると、深い意味も考えずに話している日本語にも興味がわき、なんだか愛おしくなってきました。

私は、日本人であることも、アイヌであることも、いやになっていました。日本人にもアイヌにもなりきれない、中途半端でどちらにも居場所がない、とおもっていたのです。でもアイヌ語を学ぶことで、自分のなかの日本にもしっかり向きあわなければならない、

ウレシパクラブの若者たち
札幌大学はアイヌ民族の若者たちを未来のアイヌ文化の担い手として育成するプロジェクトをおこなっており、同クラブはこの理念に賛同する学生や一般の人びと、企業からなる。積極的に祖先の文化を学ぶ若者たちに大きな期待が集まる。ウレシパクラブ提供。

と考えるようになりました。
私のなかには、愛すべき二つの文化が存在している。いまではそのように感じているのです」。

アイヌとして生きる

——Aさんにとって、アイヌとして生きることはどのような意味をもっているのですか？

「よく民族としての誇りということをいいます。でも、私は民族としての誇りをとくに意識したことはありません。私にとってアイヌであることは、そんな大仰なものではないと感じます。

人にはそれぞれ役割があります。私

にも職業人としての、母としての役割があります。アイヌであることもまた、私にとってひとつの役割ではないか、と最近おもうのです。

なぜ私がアイヌのアイデンティティを選んだのか、あらためて問われると、うまく答えられません。でも、それは早くに亡くなった父への想いと重なっているような気がします。

父は無口で、自分のことをほとんど話しませんでした。私をおんぶして歩いた父は、なにを考えていたのでしょう。もくもくと木彫りをしていた父は、どのような生いたちをたどってきたのでしょう。

アイヌであることは、私が父という人間の娘であることであり、私を愛してくれた父に寄り添い、父を誇りにおもうことではないか、と感じます。

アイヌ民族を表明して生きることについて、家族が賛成してくれているわけではありません。でも、それが私の選んだ生き方だから、と割り切ってくれているようです。アイヌとして生きるかどうかは、人それぞれが自由に判断することです。子どもに強いるつもりはありません。

アイヌとして生きることが、痛みや葛藤をともなわない社会になってほしい。アイヌであることがなにも特別なものではなく、母であり、職業人であるのと同じような、ひとつの選択と受けとめてもらえる社会になってほしい、と願っています」。

おわりに

考古学からアイヌの歴史を研究していると、私たちがアイヌの歴史について知っているのは、実はそのごく一部にすぎないのではないか、私たちは目をつぶってゾウの尻尾にさわり、その全体を論じているのではないか、と考えることがあります。そうした例をひとつあげ、本書を終えたいとおもいます。

本書の第七章「黄金」ではアイヌの砂金採取についてのべましたが、日本ではじめて金が発見されたのは七四九年、陸奥でのことです。当時鋳造されていた東大寺大仏の塗金が足りず、朝廷は各地で金の探索を積極的におこなっていましたが、陸奥国小田郡《おだ》（現・宮城県遠田郡《とおだ》涌谷町《わくや》か）で有望な金資源が確認されたのです。その後、陸奥国は毎年大量の金を朝廷に献上するとともに、さらなる金資源を求めてエミシの地に侵入を開始し、桃生《ものう》城、伊治《いじ》城と相次いで支配の拠点を設置していきます（吉川二〇〇六）。

ところで、はじめて金を献上した陸奥国守は、百済王敬福《くだらのこにきしきょうふく》という朝鮮半島からの渡来人であり、かれは金産地開発の任務を帯びて渡来系の探鉱技術者とともに探査をおこなっていたのではないか、と考えられています（田中一九九七）。

朝廷は七〇一年、陸奥に探鉱技術者である凡海宿禰麁鎌《おおしあまのすくねあらかま》を、また対馬国《つしまのくに》には大和国忍海郡の三田首五瀬《みたのおびといつせ》を派遣していました。六七四年には対馬国で産出した銀が国司の忍海造大国《おしぬみのみやつこおおくに》によって献上されていますが、これら探鉱技術者の「忍海」は、葛城《かつらぎ》（奈良県）における金属技術にかかわる渡来人の一拠点とみられています。凡海宿禰麁鎌も忍海造大国と密接なかかわりをもつ人物でした（舘野二〇〇七）。渡来人は金属と深くかかわっていたのです。

実は、考古学の成果からみると、このような金属技術をもつ渡来系集団は、すでに五世紀代には製鉄技術とウマ飼育をともなって陸奥に進出していました。かれらは東国における渡来人の一大拠点である群馬県から福島県の中通りを経由し、宮城県に進出したのです（亀田二〇〇三）。当時の先端技術である製鉄は、河川における砂鉄の採取からはじまりますが、それは砂金採取の技術と同じであり、実際砂鉄採取の際に砂金がみつかることもめずらしくありません。渡来系集団は砂金の採取にもかかわっていた可能性があります。

興味深いのは、五世紀後葉に岩手県へ進出し、最北の前方後円墳「角塚古墳」を残した奥州市中半入《なかはんにゅう》遺跡の人びとも、この渡来系集団をふくんでいたと考えられていることです（同前）。

第一章「縄文」では、中半入遺跡の人びとが当時東北に南下していたアイヌと交易をおこなっており、またアイヌの狩猟技術を導入して後のマタギにつながる商業狩猟もおこなうようになったとのべました。つまり五世紀の古墳社会のフロンティアには、和人・渡来人・アイヌの三者が入り乱れる多民族的な状況が生じていたのです。アイヌ語学の知里真志保は、古代アイヌ語の変容に古代朝鮮語がかかわっていた可能性を指摘しましたが、そうした事態も考えられないわけではありません。

さて、ある論文で、戦前に富良野市西達布《にしたっぷ》の東京大学北海道演習林内の山頂で六世紀後半の須恵器《すえき》の「はそう」が発見されていたと知り、私はたいへん驚きました。古墳時代の須恵器は北海道でも出土していますが、わずか一〇点ほどです。さらにこの「はそう」は本州で古墳の祭儀に用いられる祭具であり、集落では出土しないきわめて特殊なものなのです。

古墳の祭儀に用いられた祭具が、なぜ北海道の、それも当時アイヌの遺跡などまったくない内陸の奥地で、こともあろうに山頂から出土したのでしょうか。このことを古墳文化の研究者である本州の知人に伝えると、かれは「ありえない！」と叫びました。

資料が北海道大学植物園博物館に所蔵されていると聞き、私はさっそく調査に訪れました。「はそう」は風化も欠損も認められず、長く土中に埋まっていたようです。立地的に古墳や墓があった可能性は考えにくいので、山頂でなんらかの祭儀がおこなわれたのでし

富良野市西達布出土の須恵器「はそう」
西達布市街地遠景と「はそう」の実測図（右）。北海道大学植物園博物館提供。

ょう。さらに、祭具である「はそう」が交易品としてアイヌに伝わったとは考えにくいので、このような山上祭祀をおこなったのは、本州から渡ってきた古墳社会の人びと以外、考えにくいことになります。

では、古墳社会の人びとはなぜこのような場所にやってきたのでしょうか。

富良野市の西達布川は、南富良野町金山《かなやま》のトナシベツ川とならぶ空知《そらち》川水系有数の産金河川であり、北海道有数の産金地帯である日高の源流部に接しています。ひょっとすると古墳社会の人びとは、砂金探査のため北海道へ渡り、日高の産金河川をたどって西達布に達したのではないでしょうか。

砂金で有名な栃木県那須の那珂《なか》川支流武茂《むも》川には健武《たけぶ》山《やま》神社があり、『続日本紀』八三五年の記事には、この武茂神は砂金を採る川の山上に座しているとあります。

砂金採取の集団は、産金河川の源流山頂に神を祀っていたのです。さらに、那須は早い時期から渡来人の移住・配置が行われていた地域であり、この砂金採取を担っていたのは渡来系の人びととみられます。渡来系の探鉱技術者には産金河川の山頂に神を祀る習俗があり、富良野の山頂で発見された古墳社会の祭具は、このような探鉱技術者である朝鮮半島からの渡来系集団が山上祭祀に用いたものだったのかもしれません。

渡来系集団とアイヌは、すでに五世紀後半から岩手の中半入遺跡などで濃密に交流していたのですから、渡来系の探鉱技術者集団の渡海も考えられないことはない——というのが最近の私の着想です。アイヌの歴史はまだまだ多くの謎に満ちている、とおもわれないでしょうか。

本書は、アイヌとはどのような人びとかをめぐる、このような私自身の追求の過程と発見のよろこびを綴ったものにほかなりません。あまり構えずに、その楽しさを感じとっていただければうれしくおもいます。

最後に、今回執筆の機会をあたえていただいた現代新書出版部の山﨑比呂志氏に心からお礼を申しあげます。

瀬川拓郎

引用文献

青山東園編　一九一八『極北の別天地』豊文社
赤坂憲雄　一九九二『異人論序説』ちくま学芸文庫
安里　進　二〇一三「7～12世紀の琉球列島をめぐる3つの問題」『国立歴史民俗博物館研究報告』一七九
「奄美学」刊行委員会編　二〇〇五『奄美学――その地平と彼方』南方新社
池上二良　一九八〇「アイヌ語のイナウの語の由来に関する小考――ウイルタ語の illau の語原にふれて」『民族学研究』四四―四
石上　堅　一九七一『新・古代研究』一、雪華社
石附喜三男　一九七九「考古学からみた〝粛慎〟」『蝦夷』社会思想社
石原舜三　一九九四「千島列島における鉱化作用」『地質ニュース』四八〇
井上鋭夫　一九八一『山の民・川の民』平凡社選書
内堀基光　一九八九「民族論メモランダム」『人類学的認識の冒険』同文館出版
大島建彦　二〇〇八『疫神と福神』三弥井書店
大林太良　一九九一「イナウの起源」『北方の民族と文化』山川出版社
折口信夫　一九九一『日本藝能史六講』講談社学術文庫
折口信夫　一九九五「花の話」『折口信夫全集』二、中央公論社
片山杜秀　二〇一四a「伊福部昭の音楽と時代」『北海道新聞』五月二七日夕刊
片山杜秀　二〇一四b「正統で異端――『三・一一』後のための伊福部昭入門」『伊福部昭』河出書房新社

金沢英之　二〇一二『義経の冒険――英雄と異界をめぐる物語の文化史』講談社選書メチエ
金子裕之　一九九七『平城京の精神生活』角川書店
金子守恵　二〇一三「ことばを介さない土器のやりとりとあらたな器種の創造」『物質文化』九三
亀田修一　二〇〇三「陸奥の渡来人（予察）」『古墳時代東国における渡来系文化の受容と展開』文部省科学
　研究費補助金研究成果報告書
萱野　茂　一九七八『アイヌの民具』すずさわ書店
川村純一　二〇〇六『文学に見る痘瘡』思文閣出版
川村　湊　二〇〇七『牛頭天王と蘇民将来伝説――消された異神たち』作品社
ギアーツ、クリフォード　一九八七『文化の解釈学』一・二、岩波現代選書
菊池勇夫　一九九九『エトロフ島――つくられた国境』歴史文化ライブラリー、吉川弘文館
北構保男　一九八三『一六四三年アイヌ社会探訪記』雄山閣
木下良裕　一九八三『アイヌの疾病とその治療法に関する研究』トヨタ財団助成研究報告書
金田一京助　一九二五『アイヌの研究』内外書房
金田一京助　一九六〇a「山間のアイヌ語」『アイヌ語研究』三省堂
金田一京助　一九六〇b「胡沙考」『同前』
金田一京助　一九六〇c「樺太アイヌの音韻組織」『同前』
金田一京助　一九九三a「日の本夷の考」『金田一京助全集』一二、三省堂
金田一京助　一九九三b「義経入夷伝説考」『同前』
久保寺逸彦　一九六五「アイヌの子守り唄」『北海道の文化』九
久保寺逸彦　一九七〇「アイヌ文学」『アイヌ民族誌』第一法規出版

久保寺逸彦　一九七二『アイヌの昔話』三弥井書店
久保寺逸彦　一九七七『アイヌ叙事詩——神謡・聖伝の研究』岩波書店
久保寺逸彦　二〇〇一a「アイヌの古俗——酒の醸造及びその祭儀」『アイヌ民族の宗教と儀礼』草風館
久保寺逸彦　二〇〇一b「沙流アイヌの祖霊祭祀」『同前』
久保寺逸彦　二〇〇一c「北海道アイヌの葬制」『同前』
グリァスン、フィリップ　一九九七『沈黙交易——異文化接触の原初的メカニズム序説』ハーベスト社
栗本慎一郎　一九七九『経済人類学』東洋経済新報社
甲地利恵　二〇一〇「魔祓いの儀礼、および魔祓いに関連する歌や踊りについての聴き取り」『北海道立アイヌ民族文化研究センター研究紀要』一六
小坂眞二　一九九三「陰陽道の反閇について」『陰陽道叢書』四、名著出版
児玉作左衛門・伊藤昌一　一九三九「アイヌの文身の研究」『北方文化研究報告』二
小葉田淳　一九六八『日本鉱山史の研究』岩波書店
米井力也　二〇〇三「小人島ニ至ル時」『国語国文』八二三
佐々木高明　一九七一『稲作以前』ＮＨＫブックス
佐々木利和　二〇〇一『アイヌ文化誌ノート』歴史文化ライブラリー、吉川弘文館
佐藤幸夫　一九八五『名寄叢書6——北風磯吉資料集』名寄市教育委員会
設楽博己　二〇〇八「イレズミの起源」『縄文時代の考古学』一〇、同成社
篠田謙一・安達登　二〇一〇「ＤＮＡが語る『日本人への旅』の複眼的視点」『科学』八〇—四
篠原祐一　二〇〇四「地方官衙と祭祀」『季刊考古学』八七
柴田　実　一九六九「山ノ神」『日本歴史大辞典』九、河出書房新社

清水克行　二〇一〇『日本神判史――盟神探湯・湯起請・鉄火起請』中公新書
杉村京子　一九七九「近文メノコ物語」『あるく・みる・きく』一四八、近畿日本ツーリスト
鈴木広光　二〇〇六「『小人島』考・続貂」『叙説』三三
砂沢クラ　一九八三『ク・スクップ・オルシペ――私の一代の話』北海道新聞社
スミス、アントニー　一九九九『ネイションとエスニシティ』名古屋大学出版会
瀬川拓郎　二〇〇五『アイヌ・エコシステムの考古学』北海道出版企画センター
瀬川拓郎　二〇〇七『アイヌの歴史――海と宝のノマド』講談社選書メチエ
瀬川拓郎　二〇〇八「サハリン＝アイヌの成立」『中世の北東アジアとアイヌ』高志書院
瀬川拓郎　二〇一一『アイヌの世界』講談社選書メチエ
瀬川拓郎　二〇一二a「中世アイヌ社会とエスニシティの形成」『北から生まれた中世日本』高志書院
瀬川拓郎　二〇一二b『コロポックルとはだれか――中世の千島列島とアイヌ伝説』新典社新書
瀬川拓郎　二〇一三『アイヌの沈黙交易――奇習をめぐる北東アジアと日本』新典社新書
瀬川拓郎　二〇一四「祖印か所有印か――擦文時代における底面刻印の意味と機能」『環太平洋・アイヌ文化研究』一一
関根達人　二〇一二「出土資料からみたアイヌ文化の特色」『新しいアイヌ史の構築――先史編・古代編・中世編』北海道大学アイヌ・先住民研究センター
関根達人　二〇一四『中近世の蝦夷地と北方交易』吉川弘文館
関場不二彦　一八九六『あいぬ医事談』私家版
千徳太郎治　一九二九『樺太アイヌ叢話』市光堂
高倉新一郎　一九四二『アイヌ政策史』日本評論社

高倉新一郎　一九六六「槌打考」『アイヌ研究』北海道大学生活協同組合
舘野和己　二〇〇七「史料に見える葛城の漢人と金属技術者たち」『奈良女子大学二一世紀COEプログラム報告集一七――ヤマトの開発史（一）』
田中圭一　一九九七「日本の金と銀」『民衆生活の日本史・金』思文閣出版
丹菊逸治　二〇一二「ニヴフ民族口承文学の『海上異界譚』」『千葉大学ユーラシア言語文化論集』一四
知里真志保　一九五二「マタギの山言葉とアイヌ語」『北海道地方史研究』四
知里真志保　一九七三a「疱瘡神に関する資料」『知里真志保著作集』二、平凡社
知里真志保　一九七三b「アイヌに伝承される歌舞詞曲に関する調査研究」『同前』
知里真志保　二〇〇〇『和人は舟を食う』北海道出版企画センター
百々幸雄・川久保善智・澤田純明・石田肇　二〇一二～一三「頭蓋の形態小変異からみたアイヌとその隣人たちⅠ・Ⅱ・Ⅲ」『Anthropological Science』一二〇―一・二、一二一―一
鳥居龍蔵　一八九九「千島土人製作の木偶」『東京人類学会雑誌』一六三
鳥居龍蔵　一九〇三『千島アイヌ』吉川弘文館
鳥居龍蔵　一九一七「東北亜細亜に於ける無言貿易に就て」『人類学雑誌』三二―八
ナウマン、ネリー　一九九四『山の神』言叢社
中川　裕　二〇〇三「言語からみた北方の交易」『北太平洋の先住民交易と工芸』思文閣出版
中川　裕　二〇一〇『アイヌ語のむこうに広がる世界』編集グループSURE
中村和之　一九九七「十三～十六世紀の環日本海地域とアイヌ」『中世後期における東アジアの国際関係』山川出版社
中村和之　二〇〇二「アイヌの沈黙交易について」『第16回北方民族文化シンポジウム報告書』（財）北方文

化振興協会
名取武光　一九七四「沙流アイヌの熊祭りに於ける神々の由来とヌサ」『アイヌと考古学』二、北海道出版企画センター
新津　健　二〇一一『猪の文化史――考古編』雄山閣
西脇対名夫　二〇一一「『土面』の唇の孔」『北海道考古学会だより』九九
バチェラー、ジョン　一九二五『アイヌ人とその説話』富貴堂書房
バチェラー、ジョン　一九三八『蝦夷今昔物語』尚古堂書店
バチェラー、ジョン　一九九五『アイヌの伝承と民俗』青土社
バチェラー、ジョン　一九九九「樹木を崇拝すること」『アイヌの暮らしと伝承』北海道出版企画センター
服部四郎・知里真志保　一九六〇「アイヌ語諸方言の基礎語彙統計学的研究」『民族学研究』二四―四
埴原和郎　一九九三「日本人の形成」『岩波講座日本通史』一、岩波書店
早川　昇　一九七〇『アイヌの民俗』岩崎美術社
原田信男　二〇一二『なぜ生命は捧げられるか』御茶の水書房
平川　南　二〇一二『東北「海道」の古代史』岩波書店
深澤　瞳　二〇一二「禹歩・反閇から身固めへ」『大妻国文』四三
福田正宏　二〇一三「北海道とサハリン・千島」『季刊考古学』一二五
藤本英夫　一九七一『北の墓』学生社
古川一明　二〇一四「古代東北地方における特殊な形態の煮炊用土器について」『東北歴史博物館研究紀要』一五
ベルウッド、ピーター　二〇〇八『農耕起源の人類史』京都大学学術出版会

星野　紘　一九九六『歌垣と反閇の民族誌』創樹社
前田金五郎　一九五四「『小人嶋』考——西鶴語彙管見」『国語と国文学』三六四
政次　浩　二〇〇六「東北地方の熊野信仰と出羽三山信仰についての覚書」『熊野信仰と東北』東北歴史博物館
松崎憲三　一九八五「山の神祭りにおける木製祭具の研究」『国立歴史民俗博物館研究報告』七
松本建速　二〇〇六『蝦夷の考古学』同成社
マライーニ、フォスコ　一九九四『アイヌのイクパスイ』アイヌ民族博物館
マンロー、ニール・ゴードン　二〇〇二『アイヌの信仰とその儀式』国書刊行会
水ノ江和同・西脇対名夫　二〇一三「縄文文化の境界問題を考える」『季刊考古学』一二五
満岡伸一　二〇〇三『アイヌの足跡』アイヌ民族博物館
宮田　登　二〇一〇『ケガレの民俗誌』ちくま学芸文庫
宮本升平　二〇〇〇「除疫呪符についての一考察」『常民文化』二三
八木光則　二〇一〇『古代蝦夷社会の成立』同成社
安田千夏　一九九八「静内及び胆振地方における疱瘡神の伝承について」『アイヌ民族博物館研究報告』六
柳田国男　一九六二「こども風土記」『定本柳田國男集』二一、筑摩書房
柳田国男　一九六三a「花とイナウ」『定本柳田國男集』一一、筑摩書房
柳田国男　一九六三b「鉤占から児童遊戯へ」『定本柳田國男集』一二、筑摩書房
矢野牧夫　一九八八『黄金郷への旅』北海道新聞社
山口米吉　一九〇一「粥杖考」『東京人類学会雑誌』一八二
山下克明　二〇一〇『陰陽道の発見』ＮＨＫブックス

山田秀三　一九八二「東北地方のナイとペッの比」『山田秀三著作集』一、草風館
山本ひろ子　一九九四「異神の像容——牛頭天王島渡り祭文の世界」『日本歴史民俗論集』八、吉川弘文館
吉川真司　二〇〇六「国際交易と古代日本」『京都と北京』角川書店
ローテルムンド、ハルトムート・オー　一九九五『疱瘡神——江戸時代の病いをめぐる民間信仰の研究』岩波書店
渡辺　仁　一九七七「アイヌの生態系」『人類学講座』一二、雄山閣出版
Sean Lee, Toshikazu Hasegawa (2013) Evolution of the Ainu Language in Space and Time.*PLOS ONE* 8 (4).

講談社現代新書　2304
アイヌ学《がく》入《にゅう》門《もん》
二〇一五年二月二〇日第一刷発行　二〇二四年四月二日第一三刷発行

発行者　森田浩章
発行所　株式会社講談社
東京都文京区音羽二丁目一二―二一　郵便番号一一二―八〇〇一
電話　〇三―五三九五―三五二一　編集（現代新書）
〇三―五三九五―四四一五　販売
〇三―五三九五―三六一五　業務
装幀者　中島英樹
印刷所　株式会社ＫＰＳプロダクツ
製本所　株式会社ＫＰＳプロダクツ
定価はカバーに表示してあります　Printed in Japan

N.D.C. 210　313p　18cm
ISBN978-4-06-288304-7

「講談社現代新書」の刊行にあたって

教養は万人が身をもって養い創造すべきものであって、一部の専門家の占有物として、ただ一方的に人々の手もとに配布され伝達されうるものではありません。

しかし、不幸にしてわが国の現状では、教養の重要な養いとなるべき書物は、ほとんど講壇からの天下りや単なる解説に終始し、知識技術を真剣に希求する青少年・学生・一般民衆の根本的な疑問や興味は、けっして十分に答えられ、解きほぐされ、手引きされることがありません。万人の内奥から発した真正の教養への芽ばえが、こうして放置され、むなしく滅びさる運命にゆだねられているのです。

このことは、中・高校だけで教育をおわる人々の成長をはばんでいるだけでなく、大学に進んだり、インテリと目されたりする人々の精神力の健康さえもむしばみ、わが国の文化の実質をまことに脆弱なものにしています。単なる博識以上の根強い思索力・判断力、および確かな技術にささえられた教養を必要とする日本の将来にとって、これは真剣に憂慮されなければならない事態であるといわなければなりません。

わたしたちの「講談社現代新書」は、この事態の克服を意図して計画されたものです。これによってわたしたちは、講壇からの天下りでもなく、単なる解説書でもない、もっぱら万人の魂に生ずる初発的かつ根本的な問題をとらえ、掘り起こし、手引きし、しかも最新の知識への展望を万人に確立させる書物を、新しく世の中に送り出したいと念願しています。

わたしたちは、創業以来民衆を対象とする啓蒙の仕事に専心してきた講談社にとって、これこそもっともふさわしい課題であり、伝統ある出版社としての義務でもあると考えているのです。

一九六四年四月　野間省一

哲学・思想Ⅰ

66 哲学のすすめ——岩崎武雄
159 弁証法はどういう科学か 三浦つとむ
501 ニーチェとの対話——西尾幹二
871 言葉と無意識——丸山圭三郎
898 はじめての構造主義 橋爪大三郎
916 哲学入門一歩前——廣松渉
921 現代思想を読む事典 今村仁司 編
977 哲学の歴史——新田義弘
989 ミシェル・フーコー 内田隆三
1001 今こそマルクスを読み返す 廣松渉
1286 哲学の謎——野矢茂樹
1293 「時間」を哲学する——中島義道
1315 じぶん・この不思議な存在——鷲田清一
1357 新しいヘーゲル——長谷川宏
1383 カントの人間学——中島義道
1401 これがニーチェだ——永井均
1420 無限論の教室——野矢茂樹
1466 ゲーデルの哲学——高橋昌一郎
1575 動物化するポストモダン 東浩紀
1582 ロボットの心——柴田正良
1600 ハイデガー＝存在神秘の哲学——古東哲明
1635 これが現象学だ——谷徹
1638 時間は実在するか 入不二基義
1675 ウィトゲンシュタインはこう考えた 鬼界彰夫
1783 スピノザの世界——上野修
1839 読む哲学事典——田島正樹
1948 理性の限界——高橋昌一郎
1957 リアルのゆくえ——大塚英志 東浩紀
1996 今こそアーレントを読み直す——仲正昌樹
2004 はじめての言語ゲーム——橋爪大三郎
2048 知性の限界——高橋昌一郎
2050 超解読！ はじめてのヘーゲル『精神現象学』 竹田青嗣 西研
2084 はじめての政治哲学 小川仁志
2099 超解読！ はじめてのカント『純粋理性批判』 竹田青嗣
2153 感性の限界——高橋昌一郎
2169 超解読！ はじめてのフッサール『現象学の理念』——竹田青嗣
2185 死別の悲しみに向き合う——坂口幸弘
2279 マックス・ウェーバーを読む——仲正昌樹

哲学・思想Ⅱ

日本史Ⅰ

1258 身分差別社会の真実——斎藤洋一 大石慎三郎
1265 七三一部隊——常石敬一
1292 日光東照宮の謎——高藤晴俊
1322 藤原氏千年——朧谷寿
1379 白村江——遠山美都男
1394 参勤交代——山本博文
1414 謎とき日本近現代史 野島博之
1599 戦争の日本近現代史 加藤陽子
1648 天皇と日本の起源 遠山美都男
1680 鉄道ひとつばなし——原武史
1702 日本史の考え方——石川晶康
1707 参謀本部と陸軍大学校 黒野耐
1797 「特攻」と日本人——保阪正康
1885 鉄道ひとつばなし2——原武史
1900 日中戦争——小林英夫
1918 日本人はなぜキツネにだまされなくなったのか 内山節
1924 東京裁判——日暮吉延
1931 幕臣たちの明治維新 安藤優一郎
1971 歴史と外交——東郷和彦
1982 皇軍兵士の日常生活 一ノ瀬俊也
2031 明治維新 1858-1881 坂野潤治 大野健一
2040 中世を道から読む——齋藤慎一
2089 占いと中世人——菅原正子
2095 鉄道ひとつばなし3——原武史
2098 戦前昭和の社会 1926-1945——井上寿一
2106 戦国誕生——渡邊大門
2109 「神道」の虚像と実像 井上寛司
2152 鉄道と国家——小牟田哲彦
2154 邪馬台国をとらえなおす——大塚初重
2190 戦前日本の安全保障——川田稔
2192 江戸の小判ゲーム——山室恭子
2196 藤原道長の日常生活 倉本一宏
2202 西郷隆盛と明治維新 坂野潤治
2248 城を攻める 城を守る——伊東潤
2272 昭和陸軍全史1——川田稔
2278 織田信長〈天下人〉の実像 金子拓
2284 ヌードと愛国——池川玲子
2299 日本海軍と政治——手嶋泰伸

宗教

27 禅のすすめ――佐藤幸治
135 日蓮――久保田正文
217 道元入門――秋月龍珉
606 「般若心経」を読む――紀野一義
667 生命《いのち》あるすべてのものに　マザー・テレサ
698 神と仏――山折哲雄
997 空と無我――定方晟
1210 イスラームとは何か――小杉泰
1469 ヒンドゥー教　クシティ・モーハン・セーン　中川正生 訳
1609 一神教の誕生――加藤隆
1755 仏教発見！――西山厚
1988 入門　哲学としての仏教　竹村牧男
2100 ふしぎなキリスト教――橋爪大三郎　大澤真幸
2146 世界の陰謀論を読み解く――辻隆太朗
2159 古代オリエントの宗教　青木健
2220 仏教の真実――田上太秀
2241 科学vs.キリスト教――岡崎勝世
2293 善の根拠――南直哉
2333 輪廻転生――竹倉史人
2337 『臨済録』を読む――有馬賴底
2368 「日本人の神」入門――島田裕巳

世界の言語・文化・地理

日本語・日本文化

105 タテ社会の人間関係 中根千枝
293 日本人の意識構造——会田雄次
444 出雲神話——松前健
1193 漢字の字源——阿辻哲次
1200 外国語としての日本語——佐々木瑞枝
1239 武士道とエロス——氏家幹人
1262 「世間」とは何か——阿部謹也
1432 江戸の性風俗——氏家幹人
1448 日本人のしつけは衰退したか——広田照幸
1738 大人のための文章教室 清水義範
1943 なぜ日本人は学ばなくなったのか——齋藤孝
1960 女装と日本人——三橋順子
2006 「空気」と「世間」——鴻上尚史
2013 日本語という外国語 荒川洋平
2067 日本料理の贅沢——神田裕行
2092 新書 沖縄読本——下川裕治 仲村清司 著・編
2127 ラーメンと愛国——速水健朗
2173 日本人のための日本語文法入門——原沢伊都夫
2200 漢字雑談——高島俊男
2233 ユーミンの罪——酒井順子
2304 アイヌ学入門——瀬川拓郎
2309 クール・ジャパン!? 鴻上尚史
2391 げんきな日本論——橋爪大三郎 大澤真幸
2419 京都のおねだん——大野裕之
2440 山本七平の思想——東谷暁

P